Lamm

KOCHEN WIE DIE PROFIS

ISBN 978-3-7750-0554-8

4 3 2 1 | 2012 2011 2010 2009

© Walter Hädecke Verlag, Weil der Stadt 2009
www.haedecke-verlag.de

Rezept-Redaktion und Satz: Christine Messer Hausch, Ascona
Fotos: Chris Meier BFF, Stuttgart
Foodstyling und Küche: Roland Hartel
Organisation und Requisite: Jutta Neu-Meier
Umschlaggestaltung und Layoutentwurf: Julia Graff, Design & Produktion, Stuttgart
Reproduktion: LUP AG, Köln
Druck: Mohn media Mohndruck GmbH, Gütersloh

Abkürzungen und Maßeinheiten

kg – Kilogramm	g – Gramm	ml – Milliliter = 0,001 Liter
cl – Zentiliter = 0,01 l	dl – Deziliter = 0,1 l	l – Liter
Msp. – Messerspitze	EL – Esslöffel	TL – Teelöffel
geh. – gehäuft	gestr. – gestrichen	

Die Rezepte sind, soweit nicht anders angegeben, für 4 Portionen berechnet.

Vorwort

Kochen können wie die Profis

Wer möchte das nicht? Vor allem, wenn Meister ihres Fachs wie die hervorragenden Köchinnen und Köche von Euro-Toques Europe ihre Rezepte und Tricks verraten. Deren Können basiert auf einer soliden Ausbildung und meistens auf vielen Lehr- und Wanderjahren mit Stationen in führenden Häusern. Sie kochen mit Begeisterung und geben ihr Wissen gerne an den Berufsnachwuchs weiter. Dazu gehört auch der Respekt vor unseren Lebensmitteln und die Verpflichtung, ihren Gästen eine gesundheitsbewusste Ernährung zu bieten sowie in ihrer Küche natürlich produzierte Lebensmittel, wenn möglich aus der Region, zu verwenden. Nur wer sich an diese Richtlinien hält, kann Euro-Toques Sternekoch, -köchin oder -Maître sein und nur unter diesen Voraussetzungen kann ein Restaurant zertifiziert werden.

Die Köchinnen und Köche geben ihre Erfahrung aber auch gerne nach außen weiter, zum Beispiel in Geschmacksschulungen für Kinder und Erwachsene oder in Büchern wie dem vorliegenden. Die Rezepte dieses Buches sind so ausgewählt und bearbeitet, dass sie auch zu Hause zubereitet werden können – manchmal verblüffend einfach, manchmal mit Übung und Können, jedoch immer mit großartigen Geschmackserlebnissen, für die sich die Mühe lohnt.

Ihnen, liebe Leserinnen und Leser, wünschen wir viel Erfolg und Genuss beim Ausprobieren. Und wenn Sie das eine oder andere Rezept einmal nicht zu Hause nachkochen, sondern in unseren Restaurants genießen wollen, sind Sie uns immer herzlich willkommen.

Ihre Rezeptautorinnen und -autoren von Euro-Toques Europe

Ernst-Ulrich W. Schassberger
President Euro-Toques Europe

Heusuppe mit Lammfiletspießchen

300 ml Sahne
300 ml Gemüsebrühe
1 große Hand voll Bioheu
(vom zweiten Schnitt)
150 ml trockener Sekt
Salz, Pfeffer
40 g eiskalte Butter

500 g Lammfilet
4 Stängel Zitronengras
Salz, Pfeffer
3 EL mit Knoblauch versetztes Rapsöl

Für die Garnitur:
Bioheu
Gänseblümchen

1   Die Sahne mit der Gemüsebrühe in einem Topf zum Kochen bringen. Topf vom Herd ziehen und das Heu hineingeben. Maximal 5 Minuten ziehen lassen (es wird sonst bitter), dann die Suppe durch ein feines Sieb in einen anderen Topf passieren. Den Sekt zugießen und die Suppe erneut zum Kochen bringen. Mit Salz und Pfeffer abschmecken, warm halten.

2   Lammfilet in ungefähr 2 × 2 cm große Würfel schneiden. Die Zitronengrasstängel mit den Fleischwürfeln bestecken (es geht leichter, wenn zuvor mit einem Edelstahlspieß die Löcher ins Fleisch gestochen werden), mit Salz und Pfeffer würzen. Die Lammfiletspieße in einer Pfanne im Knoblauch-Rapsöl von allen Seiten anbraten, warm halten.

3   Zum Servieren die eiskalte Butter mit dem Pürierstab in die heiße Suppe mixen, damit sie leicht bindet und schäumt. Die Heusuppe in vorgewärmte Tassen füllen, auf die ebenfalls vorgewärmten Untertassen etwas Heu geben – durch die Wärme verbreitet das Heu einen wundervollen Geruch. Die gebratenen Lammspießchen auf die Suppentassen legen, das Ganze mit Gänseblümchen garnieren und sofort servieren.

PROFITIPP Frisches junges Heu von einer ungedüngten Weide oder von einer Alm hat einen kräftigen, signifikanten Duft und kann auf der Tafel dekorativ eingesetzt werden.

Lammbries auf warmem Sommergemüse
mit Vinaigrette

500 g Lammbries
2 EL Olivenöl zum Braten

4 Artischocken
1 EL Mehl für das Kochwasser

500 g grüner Spargel
500 g weißer Spargel
8 Karotten mit Grün
1 Zucchino
1 kleine Aubergine
100 g Gartenerbsen (ausgehülst)

Für die Vinaigrette:
100 g Schalotten, fein gewürfelt
1 EL Butter, 1 EL Olivenöl

250 ml milder Balsamico
1 EL Kalbsfond
100 ml Olivenöl
1 Handvoll gemischte
Salatkräuterblättchen
der Saft von ½ Zitrone
Salz, Pfeffer

2 EL Olivenöl
2 EL Butter
4 Olivettitomaten
60 g schwarze Oliven, entsteint

Für die Garnitur:
Schnittlauchspitzen
Kerbel

⭐**1** Lammbrieschen wässern und gründlich säubern. In einem Topf in leicht gesalzenem Wasser 3 Minuten blanchieren, danach das Fleisch im Sieb abtropfen und auskühlen lassen.

⭐**2** Artischocken entblättern, die Herzen mit wenig Stiel zuputzen und sofort in Salzwasser mit Mehl geben. Knapp gar kochen, im Sieb abtropfen lassen.

⭐**3** Vom grünen Spargel die Enden abschneiden, weißen Spargel kürzen und schälen. Die Karotten ebenfalls schälen, das Kraut bis auf 2 cm zurückschneiden. Zucchino und Aubergine in Stifte oder Würfel schneiden. Jedes Gemüse getrennt in Salzwasser knackig gar kochen, danach in Eiswasser abschrecken, abtropfen lassen.

⭐**4** Für die Vinaigrette die Schalotten in einem Topf in der Butter-Ölmischung anschwitzen, mit Balsamico ablöschen, den Kalbsfond unterrühren und ohne

Deckel kochen, bis die Flüssigkeit leicht eingedickt ist. Beiseite stellen und erkalten lassen. Die abgekühlte Vinaigrette mit Olivenöl und Kräutern vermischen und im Mixer pürieren. Mit Zitronensaft, Salz und Pfeffer würzen.

⭐ **5** Das blanchierte Lammbries sorgfältig häuten und in Röschen pflücken oder in 1 cm dicke Scheiben schneiden. In einer Pfanne in Olivenöl von allen Seiten leicht bräunen.

⭐ **6** In einer großen Pfanne Olivenöl mit Butter erhitzen, das vorbereitete Gemüse zugeben, bei mittlerer Hitze von allen Seiten anschwitzen. Tomaten vierteln, Oliven in Scheiben schneiden, beides unter vorsichtigem Wenden mit dem angedünsteten Gemüse vermischen und heiß werden lassen.

⭐ **7** Zum Servieren das Gemüse mit der Vinaigrette gut vermischen und auf Teller anrichten. Das gebratene Lammbries obenauf setzen, mit Kerbel und Schnittlauch-spitzen garnieren.

PROFITIPP Lammbries ist, wie auch Kalbsbries, wegen seiner feinen Konsistenz und dem zarten Geschmack eine Delikatesse, die sich auf äußerst vielfältige Weise zubereiten, würzen und kombinieren lässt. Die bekannteste Verwendung ist wohl die im Ragout fin, das in Kombination mit weißem Fleisch und Weißweinsauce die Füllung von Königin-Pastetchen darstellt. Außerdem kann Bries gebraten, gebacken und wie ein Schnitzel paniert werden. Weil Bries bei vielen Konsumenten etwas in Vergessenheit geraten ist und nicht mehr oft verlangt wird, ist es nicht überall leicht erhältlich, deswegen sollte man es am besten beim Metzger vorbestellen.

Lammleber auf karamellisiertem Apfel

2 Äpfel
2 EL Butter
1 EL Calvados

40 g Zucker
3 EL steif geschlagene Sahne

**4 Lammleberscheiben
von je 80–100 g**

Mehl zum Wenden
2 EL Butter zum Braten
1 EL Sherryessig
Salz, schwarzer Pfeffer aus der Mühle

Für die Garnitur:
Blüten (z. B. von der Kapuzinerkresse
oder von Thymian)
oder Kräuter

⭐1 Äpfel schälen, mit einem Ausstecher das Kernhaus ausstechen und die Äpfel quer in ca. 5 mm dicke Scheiben schneiden. In einer großen Pfanne die Butter aufschäumen und die Apfelscheiben einlegen. Mit Calvados beträufeln und die Äpfel knapp weich garen. Apfelscheiben auf Teller verteilen und kreisförmig ausrichten.

⭐2 Zucker in einem kleinen Topf bei mittlerer Hitze schmelzen und zu Karamell werden lassen. Vorsichtig mit 1–2 Tassen heißem Wasser ablöschen und kochen, bis sich der Karamell aufgelöst hat und das meiste Wasser eingekocht ist. Karamell erkalten lassen, mit der Sahne vermischen. Apfelscheiben mit Karamell-Sahne-Mischung überziehen, danach im Backofen unter dem Grill goldbraun gratinieren.

⭐3 Lammleberscheiben in Mehl wenden, überschüssiges Mehl abschütteln. In einer Pfanne die Leber in der Butter von beiden Seiten heiß anbraten, mit Sherryessig ablöschen, mit Salz und Pfeffer würzen.

⭐4 Zum Servieren die gebratene Lammleber auf den gratinierten Apfelscheiben anrichten, mit Blüten oder Kräutern garnieren.

PROFITIPP Wenn dieses Gericht als Hauptgang gereicht werden soll, passt als Beilage am besten ein Püree von Sellerie oder Petersilienwurzeln, nach Belieben mit Kartoffelpüree vermischt.

Bandnudeln mit Lammleber
in Steinpilz-Apfelsauce

20 g getrocknete Steinpilze

400 g Bandnudeln

**400 g Lammleber,
sauber pariert**
Mehl zum Wenden
3 EL Olivenöl
1 EL Butter
1 mittelgroße Zwiebel, fein gewürfelt

2 Knoblauchzehen, sehr fein gehackt
1 säuerlicher Apfel (200 g)
100 ml Bio-Apfelsaft
1 EL Balsamico
1 EL frisch gezupfte Majoranblättchen
20 ml Calvados
Salz, schwarzer Pfeffer aus der Mühle

Für die Garnitur:
4 Majoranzweige

1 Steinpilze eine halbe Stunde in einer Tasse lauwarmem Wasser einweichen. Danach durch ein Filterpapier abgießen, dabei das Einweichwasser auffangen und für die Sauce aufheben. Steinpilze fein hacken.

2 Nudeln in Salzwasser bissfest kochen, im Sieb abtropfen lassen.

3 Apfel schälen, entkernen und in feine Streifen schneiden.

4 Leber in Streifen schneiden, in Mehl wenden, überschüssiges Mehl gut abschütteln. In einer Pfanne das Olivenöl erhitzen, Leberstreifen zugeben und scharf anbraten. Herausnehmen, warm halten. Nun die Butter im Bratsatz schmelzen lassen, Zwiebeln und Knoblauch zugeben und bei reduzierter Hitze anschwitzen. Apfelstreifen und Pilze kurz mitdünsten, dann mit Pilz-Einweichwasser, Apfelsaft und Balsamico ablöschen. Majoranblättchen unterrühren und die Sauce auf die Hälfte einkochen. Mit Calvados, Salz und Pfeffer würzen. Die zuvor angebratene Leber mit der Sauce gut vermischen und eine Minute darin ziehen lassen.

5 Zum Servieren die noch heißen Bandnudeln in lockeren Häufchen auf Teller anrichten, die Lammleber mit etwas Sauce darüber geben, mit je einem Majoranzweig garnieren und servieren.

Lammnierenpudding auf Wacholdersauce

Für den Lammjus:
1 kg Lammknochen
100 ml Pflanzenöl
200 g Wurzelgemüse
(walnussgroße Würfel von Sellerie,
Karotte und Zwiebel)
30 g Tomatenmark
300 ml Rotwein
1 l Gemüsebrühe
125 ml Madeira
2 Knoblauchzehen
1 Zweig Rosmarin, Thymian

**300 g Lammnieren,
sauber pariert**
250 ml Milch
2 Eier
1 Knoblauchzehe
1 kleiner Rosmarinzweig
Salz, Pfeffer

1 TL gehackte Wacholderbeeren
1 EL Preiselbeeren
100 ml Rotwein
2 EL Crème double
Salz, Pfeffer

Für die Garnitur:
frische Preiselbeeren
kleine Rosmarinzweige

1 Für den Lammjus die Knochen in walnussgroße Stücke hacken oder vom Metzger zerhacken lassen. In einem Bräter das Öl erhitzen, die Knochen zugeben und von allen Seiten sehr stark anrösten. Wurzelgemüse mitrösten, bis es ebenfalls gebräunt ist. Dann das Tomatenmark untermischen, nur kurz mitrösten. Mit dem Rotwein nach und nach ablöschen und einkochen. Nun die Gemüsebrühe, den Madeira, Knoblauch, Rosmarin und Thymian zugeben, den Bräter in den 180 °C heißen Backofen stellen und alles 1 Stunde weiterrösten. Danach den gesamten Inhalt des Bräters in einen Topf umfüllen und mit Wasser auffüllen. Zum Kochen bringen, anschließend 3 Stunden ohne Deckel einkochen. Den Jus entfetten und durch ein feines Sieb in einen anderen Topf gießen. Erneut aufkochen und um die Hälfte reduzieren. Bei Bedarf den Lammjus durch ein Tuch passieren. Für das Rezept 300 ml Jus abmessen und beiseite stellen, restlichen Lammjus für eine andere Verwendung portionsweise einfrieren.

2 Die Lammnieren mit der kalten Milch und den Eiern im Mixer fein pürieren, danach die Masse durch ein Sieb streichen, um eventuell vorhandene Stückchen zu entfernen. Den Knoblauch und die abgestreiften Rosmarinnadeln sehr fein hacken und unter die Nierenmasse ziehen. Mit Salz und Pfeffer würzen.

3 Backofen auf 180 °C vorheizen. Die Timbaleförmchen mit Butter auspinseln und mit der Nierenmasse füllen (alternativ können eine passende Pastetenform oder Kaffeetassen verwendet werden). Förmchen auf ein Blech oder in einen Bräter stellen, bis zu halber Höhe der Formen mit kochendem Wasser aufgießen und im Backofen ca. 20 Minuten garen.

4 Die zuvor abgemessenen 300 ml Lammjus mit gehackten Wacholderbeeren, Preiselbeeren und Rotwein in einem Topf zum Kochen bringen. Bis zu sirupartiger Konsistenz einkochen, dann die Crème double unterrühren, die Sauce zum Schluss mit Salz und Pfeffer abschmecken.

5 Zum Servieren einen Spiegel von der Sauce auf vorgewärmte Teller gießen, Pudding vorsichtig aus den Formen lösen und auf den Saucenspiegel setzen. Mit frischen Preiselbeeren und Rosmarinzweigen garnieren. Als Beilage zum Lammnierenpudding passt am besten ein frisch zubereitetes Kartoffelpüree.

PROFITIPP Lammnieren bieten für Liebhaber von Innereien eine willkommene Erweiterung in der ganzen Palette von Möglichkeiten. Falls nicht beim Metzger erhältlich, hat sie bestimmt der türkische Lebensmittelhändler in bester Qualität in seinem Angebot.

Lammbeuschel mit Semmelknödeln

Für die Knödel:
160 g altbackene Semmeln, gewürfelt
200 ml Milch, 1 kleine Zwiebel
1 EL Butter, 2 EL gehackte Petersilie
frisch geriebene Muskatnuss
Salz, Pfeffer

600 g gekochtes Beuschel (Herz und Lunge) vom Milchlamm

360 g Schalotten, 2 Knoblauchzehen
8 Salzkapern
100 g Essiggurken, süßsauer
3 EL Öl zum Braten
4 Lorbeerblätter, 12 Wacholderbeeren
100 ml Weißwein
300 ml Gemüsebrühe
125 ml Sahne
Salz, Pfeffer, Muskatblüte

1 Für die Knödel in einer Schüssel die Semmelwürfel mit der warmen Milch übergießen. Die Zwiebel schälen, fein würfeln, in der Butter glasig dünsten und über die Semmelwürfel geben. Petersilie hinzufügen, mit Muskat, Salz und Pfeffer würzen und gut vermischen, eine halbe Stunde stehen lassen, danach nochmals gut vermischen und Knödel formen. Die Semmelknödel 15–20 Minuten in siedendem Salzwasser ziehen lassen, wenn sie gar sind, schwimmen sie an der Oberfläche.

2 Beuschel in feine Scheiben schneiden, Schalotten und Knoblauch schälen und fein schneiden. Salzkapern abspülen, Essiggurken ebenfalls fein schneiden. In einem Topf das Öl erhitzen, das Beuschel unter Rühren anbraten. Schalotten, Knoblauch, Kapern und Gurken zugeben, bei reduzierter Hitze mitbraten. Lorbeer und Wacholder unterrühren, mit Weißwein ablöschen, dann die Brühe und die Sahne zugießen. Mit Salz, Pfeffer und Muskatblüte würzen, das Beuschel ca. 15 Minuten köcheln.

3 Zum Servieren die abgetropften Knödel auf vorgewärmte Teller anrichten. Das Beuschel nochmals abschmecken und neben die Knödel schöpfen.

PROFITIPP Beuschel ist in Österreich und Süddeutschland der Begriff für Innereien von Schlachttieren. Herz und Lunge vom Milchlamm sollten gut geputzt (Sehnen, Fett, Röhren etc. entfernt) zunächst in einem Sud mit Wurzelgemüse, Lorbeer, Wacholder und wenig Salz 45–60 Minuten vorgekocht werden.

Lammbratwurst mit Kartoffel-Gurkensalat, Schafmilchjoghurt mit Wasabi und Kaviar

200 g durchzogenes (fettes) Lammfleisch
1 TL abgezupfte Blättchen von frischem Bohnenkraut
je eine Prise fein gemahlene Gewürznelke, Muskatblüte und Piment
400 g mageres Lammhackfleisch (oder Lammfleisch, selbst durch den Fleischwolf gedreht, mittlere Scheibe)
80 ml Rotwein
Salz, Pfeffer

ca. 2,5 m Frankfurter Darm (beim Metzger bestellen)
Olivenöl

Für den Kartoffel-Gurkensalat
400 g speckige (Salat-)Kartoffeln
200 g Salatgurke
200 g Meerrettich
Salz, Pfeffer
2 EL Olivenöl

Für die Joghurtsauce:
300 g Schafmilchjoghurt
2 TL Wasabipulver,
in wenig Wasser angerührt
1 Spritzer Zitronensaft
Salz
Pfeffer

Für die Garnitur:
4 Msp. Wasabi-Tobiko-Kaviar
(im Asia Geschäft erhältlich)

1 Das durchzogene Lammfleisch fein würfeln, im Gefrierfach leicht anfrieren lassen. Dann das Fleisch mit dem Bohnenkraut und den Gewürzen in der Küchenmaschine zu Brät pürieren.

2 Das Lammhackfleisch mit dem Brät und dem Wein in einer Schüssel gut vermischen, danach mit Salz und wenig Pfeffer abschmecken und über Nacht mit Folie bedeckt im Kühlschrank ruhen lassen.

3 Den Darm gründlich waschen und mit etwas Öl füllen, dabei das Öl mit zwei Fingern durch den Darm streifen, bis es am anderen Ende wieder herausläuft. Den Darm auf die Wursttülle des Fleischwolfs ziehen, das andere Ende zuknoten (alternativ einen Spritzbeutel mit großer Lochtülle verwenden). Nun die Wurstmasse langsam und nicht zu fest in den Darm füllen. Alle 15 cm abbinden, danach die Würste in nicht mehr kochendem Wasser 2–3 Minuten überbrühen. Würste aus dem Wasser nehmen, abtropfen und erkalten lassen.

4 Für den Kartoffel-Gurkensalat die Kartoffeln in der Schale weich kochen, danach pellen und erkalten lassen. Die Gurke schälen und grob reiben, die Raspel gut ausdrücken und in eine Schüssel geben. Kartoffeln ebenfalls grob reiben, zu den Gurken geben. Meerrettich schälen, fein reiben und zu den Kartoffeln geben. Mit Salz und Pfeffer würzen, Olivenöl zugeben und alles kurz vermischen.

5 Für die Joghurtsauce den Schafmilchjoghurt mit Wasabi glatt rühren, mit etwas Zitronensaft, Salz und Pfeffer abschmecken. Kalt stellen.

6 Die vorgebrühten Lammbratwürste in der Pfanne mit wenig Olivenöl oder, mit Olivenöl bepinselt, auf dem Grill wie normale Bratwürste braten.

7 Zum Servieren die gebratenen Würste auf Teller geben, daneben den geraspelten Kartoffel-Gurkensalat anrichten. Den Joghurt als Sauce neben die Wurst geben und mit Wasabi-Kaviar garnieren.

PROFITIPP Selber wursten ist nicht jedermanns Sache, einmal auf den Geschmack gekommen, kann es jedoch süchtig machen – bei gekaufter Wurst weiß man nie genau, was alles drin ist, und wie fett sie tatsächlich ist. Voraussetzung für das Gelingen ist ein ausgewogenes Verhältnis von magerem Hackfleisch und fettem Brät, denn ganz ohne Fettzugabe geht es nicht. Damit die beim Wolfen bzw. Mixen entstehende Reibungswärme nicht zu hoch wird, sollten alle Fleischstücke sehr sorgfältig von Sehnen befreit sein, in Streifen vorgeschnitten und am besten in angefrostetem Zustand in den Fleischwolf oder Mixer gegeben werden. Wer sich die Arbeit mit dem Wursten nicht antun will, kann aus der beschriebenen Fleischmasse Klopse formen und in der Pfanne braten. Das Vorbrühen der rohen Bratwürste verhindert, dass die Wurst beim Braten oder Grillen platzt.
Produkt-Info: Wasabi-Topiko-Kaviar wird aus den sehr kleinen Eiern des Fliegenden Fisches hergestellt. Der Rogen wird mit Wasabi grün eingefärbt.

Lammauflauf mit Auberginen

1 kg Auberginen
2 EL Salz
200 g Zucchini
Saft von 1 Zitrone

500 g Lammhackfleisch
4 EL Olivenöl
2 Knoblauchzehen, 1 TL Salz
2 Zwiebeln, gehackt
5 Tomaten, enthäutet und entkernt
2 EL Tomatenmark

1 TL Oregano, gehackt
1 TL Basilikum, gehackt
Salz, schwarzer Pfeffer aus der Mühle
Cayennepfeffer
160 ml Rotwein

250 ml gebundene Tomatensauce
125 g Bel Paese-Käse, gerieben
100 ml Sahne
2 Eier
4 EL frisch geriebener Parmesan

1 Die Auberginen putzen, in 5 mm dicke Scheiben schneiden, in einer Schüssel mit dem Salz gut vermischen und 5 Minuten ziehen lassen. Zucchini putzen und ebenfalls in Scheiben schneiden. Auberginenscheiben unter fließendem Wasser abspülen, abtropfen lassen, mit Zucchini in einer Schüssel mit Zitronensaft beträufeln.

2 In einer Pfanne das Lammhackfleisch im Öl kräftig anrösten. Knoblauch mit Salz mit Hilfe eines großen Messerblatts zerdrücken, mit den Zwiebeln zum Hackfleisch geben und mitbraten. Tomaten würfeln, mit Tomatenmark in die Pfanne geben, mit Oregano, Basilikum, Salz, Pfeffer und Cayennepfeffer würzen und alles weitere 6–8 Minuten braten. Mit Rotwein ablöschen, die Sauce leicht einkochen.

3 Backofen auf 200 °C vorheizen. In einer Auflaufform die Auberginen- und Zucchinischeiben lagenweise mit der Hackfleischsauce einschichten, zum Schluss die gebundene Tomatensauce darüber gießen. Den geriebenen Käse mit Sahne und Eiern vermischen und gleichmäßig über den Auflauf verteilen. Mit Parmesan bestreuen und den Auflauf ca. 1 Stunde im vorgeheizten Backofen backen.

PROFITIPP Ein Gericht, das man sehr gut vorbereiten kann – wenn gewünscht bereits am Vortag – und das dann nur noch gebacken werden muss.

Saltimbocca vom Lammkotelett

12 Lammkoteletts (à 50 g)
Pfeffer aus der Mühle , Salz
12 Salbeiblätter, Stiele entfernt
12 hauchdünne Scheiben Parmaschinken (ca. 100 g)

3 EL Pflanzenöl zum Braten

½ Zwiebel
1 Knoblauchzehe
200 ml roter Portwein
100 ml trockener Rotwein
Salz, Pfeffer aus der Mühle
1 Prise Zucker
2 EL kalte Butter

1 Die Knochenenden der Lammkoteletts mit dem Messerrücken sauber abschaben und von Haut und Fettresten befreien. Das Fleisch mit dem Handrücken leicht flach klopfen. Die Koteletts mit Pfeffer und wenig Salz würzen, mit je einem Salbeiblatt belegen und dann in je eine Scheibe Parmaschinken wickeln.

2 Backofen auf 80 °C vorheizen. Das Öl in einer beschichteten Pfanne erhitzen. Lammkoteletts behutsam einlegen und von beiden Seiten je 2 Minuten anbraten. Die Koteletts in eine feuerfeste Form legen und im Backofen (Mittelschiene) noch ca. 20 Minuten nachgaren lassen.

3 Inzwischen die Zwiebel und den Knoblauch schälen und fein schneiden. In der Pfanne im Bratsatz anschwitzen. Mit Port- und Rotwein aufgießen und auf ein Drittel einkochen. Mit Salz, Pfeffer und etwas Zucker abschmecken. Die Reduktion durch ein Sieb passieren, dann mit einem Schneebesen die kalte Butter stückchenweise darunterschlagen.

4 Zum Servieren die Saltimbocca auf vorgewärmte Teller geben und mit Sauce umgießen. Ein klassisch zubereiteter Risotto passt am besten dazu.

PROFITIPP Der Parmaschinken schmiegt sich, wenn er sehr dünn aufgeschnitten ist, an das Fleisch an und braucht nicht festgesteckt zu werden. Vorsicht beim Salzen, da der Schinken bereits einen hohen Salzanteil hat.

Lammkarree mit Kartoffelplätzchen,
Zucchinifächer und karamellisiertem Knoblauch

800 g Lammkarree
1 TL Moselhonig
Meersalz
schwarzer Pfeffer aus der Mühle
3 EL geklärte Butter
1 Hand voll Röstgemüse, gewürfelt
(Karotte, Lauch, Sellerie, Zwiebel)
½ TL Tomatenmark
125 ml Rotwein (Spätburgunder)
250 ml Lammjus
je 1 Rosmarin- und Thymianzweig

Für die Kartoffelplätzchen:
500 g Kartoffeln
1 Ei
1 Eigelb
1 EL Tomatenmark
4 Basilikumblätter, fein geschnitten
Salz, Pfeffer
Mehl
150 g geklärte Butter

Für die Zucchinifächer:
2 mittelgroße Zucchini
125 ml Traubenkernöl
2 Knoblauchzehen, halbiert
Salz, geschroteter schwarzer Pfeffer

4 Knoblauchzehen
1 EL Butter
4 EL Zucker

Für die Garnitur:
frittierte Staudensellerieblätter

⭐ Lammkarree parieren, die Knochen schön zuputzen, das Fleisch mit Honig einreiben, mit Salz und Pfeffer würzen. In einer Pfanne die geklärte Butter erhitzen und das Karree von allen Seiten anrösten. Fleisch herausnehmen, Röstgemüse und Lammparüren zugeben, kräftig anbraten, Tomatenmark unterrühren, wenn alles schön gebräunt ist, mit Rotwein ablöschen. Lammjus und Kräuter hinzufügen und die Sauce etwas einkochen. Danach das Ganze abkühlen lassen, vakuumieren und im Wasserbad bei 64 °C 35 Minuten garen (wenn keine Möglichkeit zum Vakuumieren besteht, kann das Fleisch alternativ bei 150 °C in 15 Minuten im Backofen rosa gebraten werden). Das Karree 10 Minuten an der Wärme ruhen lassen.

⭐**2** Für die Kartoffelplätzchen die Kartoffeln in Salzwasser weich kochen, im Sieb abtropfen und im Backofen 2 Minuten ausdampfen lassen. Danach die Kartoffeln etwas abkühlen lassen, zerstampfen, mit Ei, Eigelb, Tomatenmark und Basilikum vermischen, mit Salz und Pfeffer würzen. Aus der Masse mit bemehlten Händen kleine Plätzchen formen. Die Kartoffelplätzchen in einer Pfanne bei mittlerer Hitze in der geklärten Butter von beiden Seiten braten, bis sie leicht gebräunt sind.

⭐**3** Backofen-Oberhitze auf 160 °C vorheizen. Zucchini längs in ca. 1 cm dicke Scheiben schneiden, in Traubenkernöl mit Knoblauch von beiden Seiten anbraten, danach in Form von 4 Fächern auf ein mit Backpapier bedecktes Blech auslegen. 10 Minuten im Backofen garen, mit Salz und Pfeffer leicht würzen.

⭐**4** Knoblauchzehen schälen. In einem kleinen Topf die Butter mit dem Zucker erhitzen. Sobald der Zucker geschmolzen ist, den Knoblauch hinzufügen und bei reduzierter Hitze langsam karamellisieren, dabei den Topf immer wieder schwenken, so dass die Knoblauchzehen schön mit Karamell überzogen werden.

⭐**5** Zum Servieren die Lammkarrees aus dem Vakuum nehmen, aufschneiden und auf Teller anrichten. Sauce durch ein Sieb passieren, abschmecken und das Lamm damit überziehen. Je einen Zucchinifächer und ein paar Kartoffelplätzchen daneben legen, nach Belieben mit frittierten Staudensellerieblättern garnieren.

PROFITIPP Die Vakuum-Kochtechnik bietet vielerlei Vorteile: Geschmack und Saft des Gargutes bleiben erhalten, zugefügte Aromen intensivieren sich, die Zugabe von Fett erübrigt sich und das Garen unter 80 °C schont Vitamine, Konsistenz und Eigengeschmack. Damit das Fleisch trotzdem eine schöne Bräunung aufweist, kann es vor dem Garen in einer Pfanne angebraten werden, oder wenn es fertig gegart ist, unter dem Grill nachgebräunt werden.

Lammspieße mit Tomatensauce

800 g Lammhackfleisch

2 mittlere Zwiebeln
2 Knoblauchzehen
4 EL Semmelbrösel
3 Eier
Salz, Pfeffer
1 Fleischtomate
2 Oreganozweige
1 Minzezweig

Für die Tomatensauce:
3 Fleischtomaten
Salz
½ TL Zucker
Cayennepfeffer

1 Das Lammhackfleisch in eine Schüssel geben.

2 Zwiebeln und Knoblauch schälen, fein würfeln, die Hälfte davon mit Hackfleisch, Semmelbröseln, Eiern, Salz und Pfeffer verkneten. Die Tomate halbieren, entkernen, das Fruchtfleisch fein würfeln, zum Fleisch geben. Oregano- und Minzeblättchen abzupfen, fein hacken, die Hälfte der Kräuter ebenfalls zur Fleischmasse geben, gut mischen. Walnussgroße Kugeln formen und auf Holzspieße stecken. Die Spieße auf dem Grill oder in der Pfanne mit Olivenöl von allen Seiten rösten.

3 Für die Sauce die Tomaten in kochendes Wasser tauchen, die Haut abziehen, Tomaten halbieren, entkernen und das Fruchtfleisch würfeln. Die restlichen der vorbereiteten Zwiebeln und den Knoblauch im heißen Öl glasig dünsten. Die Tomatenwürfel zugeben, mit Salz, Zucker, den restlichen Kräutern und etwas Cayennepfeffer würzen, einige Minuten köcheln.

4 Zum Servieren die Spießchen mit etwas Sauce auf Teller anrichten. Dazu passen Reis oder verschiedene Salate als Beilage.

PROFITIPP Die Spießchen eignen sich ohne die Tomatensauce auch bestens als Vorspeise oder Fingerfood.

Lammrückenfilets
mit Schokoladen-Balsamicosauce und Couscous

Für den Jus:
2 kg Lammknochen, klein gehackt
100 ml Olivenöl zum Braten
500 g Wurzelgemüse, gewürfelt
3 rote Zwiebeln, gewürfelt
3 Knoblauchzehen, geschält
2 EL Tomatenmark
500 ml Rotwein (trocken)
500 ml Lammfond
2 Zweige Rosmarin
1 Lorbeerblatt
3–4 Thymianzweige
10 schwarze Pfefferkörner, zerdrückt
4 Nelken
½ Zimtstange
5 Wacholderbeeren zerdrückt
3 EL dunkler Balsamico
200 g Nougat-Schokolade
Salz, Pfeffer aus der Mühle
60 g kalte Butter, gewürfelt

Für die Lammfilets:
800 g Lammrückenfilets
2 EL Olivenöl
4 Knoblauchzehen, geschält
4 Thymianzweige
Salz, Pfeffer

Für den Couscous:
je ½ rote, grüne und gelbe Paprika
1 Stange Staudensellerie
½ Zucchino
2 EL Olivenöl
Salz, Pfeffer
300 g Couscous
1 großes Bund Blattpetersilie
3 Minzezweige
5 EL Crème fraîche

2 Nektarinen
1 EL Butter
2 EL Weißwein
1 EL Honig

1 Für den Jus die Knochen in einem großen Topf im heißen Olivenöl von allen Seiten stark anrösten. Dann das gewürfelte Gemüse, Zwiebeln und Knoblauch zufügen und weitere 10–15 Minuten rösten. Das Tomatenmark unterrühren, mit Rotwein ablöschen und mit dem Lammfond auffüllen. Das Ganze bei schwacher Hitze 1 Stunde köcheln lassen. Kräuter, Gewürze und Balsamico zufügen, gut vermischen und ca. weitere 2 Stunden bei kleiner Hitze kochen. Den Jus entfetten, durch ein feines Sieb in einen anderen Topf gießen und um die Hälfte einkochen. Nun die Schokolade stückchenweise in den Jus geben und schmelzen lassen, die Sauce mit

Salz und Pfeffer abschmecken. Warm halten, aber nicht mehr kochen. Erst vor dem Servieren die kalte Butter stückchenweise in die Sauce schwenken und mit einem Schneebesen unterrühren.

2 Für die Lammfilets den Backofen auf 90 °C vorheizen. Die Lammfilets schön parieren und in der heißen Pfanne im Olivenöl von allen Seiten gleichmäßig kurz anbraten. Anschließend das Fleisch mit Knoblauch und Thymian auf ein tiefes Backblech geben und im vorgeheizten Backofen ca. 45 Minuten auf der mittleren Einschubleiste garen. Mit Salz und Pfeffer würzen.

3 Für den Couscous Paprika, Staudensellerie und Zucchino putzen und in kleine Würfel schneiden. In einer Pfanne mit etwas Olivenöl bei kleiner Hitze knapp gar dünsten, mit Salz und Pfeffer aus der Mühle würzen. Den Couscous in eine Schüssel geben, entsprechend der Packungsanweisung mit kochendem Wasser übergießen. Einige Minuten quellen lassen, dann mit den vorbereiteten Gemüsewürfeln gut vermischen. Petersilie und Minze von den Stielen zupfen, fein hacken, zum Couscous geben, mit Salz und Pfeffer aus der Mühle abschmecken. Vor dem Anrichten die Crème fraîche unterheben.

4 Die Nektarinen in Spalten schneiden und in einer Pfanne mit Butter, Weißwein und Honig von beiden Seiten dünsten, bis sie weich sind.

5 Zum Servieren den Couscous in der Mitte des Tellers anrichten. Die Lammfilets diagonal aufschneiden und an beiden Seiten anlegen, die Nektarinenspalten sternförmig an den Couscous legen, das Lamm mit Schokoladen-Balsamico-Jus überziehen.

PROFITIPP Dieses Rezept ergibt für 4 Personen zu viel Jus. Ein Teil davon kann, bevor man die Schokolade und den Balsamico hinzufügt, als klassischer Lammjus für eine andere Verwendung tiefgekühlt werden. In diesem Fall für den Jus zum Filet und Couscous entsprechend etwas weniger Schokolade und Balsamico verwenden.

Lammrückenfilet, im Vakuum gegart,
mit Kräutersauce

700 g Lammrückenfilets

Für die Sauce:
500 g Lammknochen und -abschnitte
1 Karotte
1 Zwiebel
1 Stück Sellerie
1 Knoblauchzehe, halbiert

1 Lorbeerblatt
6 Wacholderbeeren, 2 Nelken
8 Pfefferkörner
80 ml Weißwein
20 g Stärke
Salz, Pfeffer
50 g fein gehackte Kräuter
nach Geschmack und Saison

1 Die Lammrückenfilets vom Metzger sauber parieren und dicht nebeneinander vakuumieren lassen.

2 Für die Sauce die Knochen in einen Topf geben, mit kaltem Wasser auffüllen, zum Kochen bringen, ohne Deckel 1 Stunde köcheln, den entstehenden Schaum abschöpfen. Karotte, Zwiebel, Sellerie putzen, grob würfeln, mit Knoblauch und Gewürzen zu den Knochen geben, weitere 30 Minuten köcheln. Den Fond durch ein feines Sieb passieren, wenn nötig, leicht einkochen, dann mit der in Weißwein angerührten Stärke leicht binden. Mit Salz und Pfeffer abschmecken, die fein gehackten Kräuter unterrühren.

3 Für die Filets einen Topf mit Wasser füllen, zum Kochen bringen, dann die Hitze reduzieren. Die vakuumierten Lammfilets einlegen und ca. 7 Minuten ziehen lassen (bei ca. 75 °C). Das Fleisch aus dem Beutel nehmen, mit Salz und Pfeffer würzen und 5 Minuten an der Wärme ruhen lassen.

4 Zum Servieren von der Kräutersauce auf vorgewärmte Teller einen Spiegel gießen. Lammfilets quer zur Faser aufschneiden und auf der Sauce anrichten. Dazu passen Polenta oder Gnocchi und grüne Bohnen.

PROFITIPP Das Garen bei niedriger Temperatur ist für das zarte Filetstück sehr schonend, es bleibt saftig, rosa und aromatisch.

Lammroulade und Spaghetti
mit Bärlauchpesto

2 Lammrückenfilets

100 g Hühnerbrust
60 ml Sahne
1 EL fein gewürfelte Tomate
1 EL in feine Streifen geschnittener
Bärlauch, Salz, Pfeffer

Für den Bärlauchpesto:
120 g Bärlauchblätter

4 Knoblauchzehen, gehackt
50 g Pinienkerne
120 g frisch geriebener Parmesan
125–150 ml Olivenöl Extra Vergine

Für die Spaghetti:
400 g Mehl,
100 g Hartweizengrieß
7 g Salz,
5 Eier, verquirlt, 1 EL Wasser

1 Die Filets längs in dünne Scheiben schneiden und platt klopfen. Hühnerbrust würfeln und im Gefrierfach anfrieren lassen. Mit der kalten Sahne im Mixer fein pürieren, die Farce mit Tomatenwürfeln und Bärlauch vermischen, mit Salz und Pfeffer würzen. Lammfiletstreifen mit Farce bestreichen und aufrollen, mit Küchengarn zusammenbinden. In einem Topf in Salzwasser die Rouladen 15 Minuten sieden. Dann herausnehmen, Küchengarn entfernen, das Fleisch warm halten.

2 Für den Pesto die Bärlauchblätter fein schneiden, im Mörser zusammen mit gehacktem Knoblauch und Pinienkernen fein zerreiben. Parmesan zugeben und einarbeiten, mit Pfeffer und Salz würzen, das Olivenöl nach und nach unterrühren.

3 Für die Spaghetti Mehl und Grieß auf der Arbeitsfläche zum Kranz formen, die restlichen Zutaten in die Mitte des Kranzes geben. Mehl und Grieß zur Mitte hin untermischen, das Ganze zu einem festen, glatten Teig verkneten. In Klarsichtfolie wickeln, im Kühlschrank eine halbe Stunde ruhen lassen. Teig dünn ausrollen und auf der Nudelmaschine durch die Spaghettiwalze drehen. In Salzwasser al dente kochen, abgießen, in Eiswasser kurz abschrecken.

4 Zum Servieren die Spaghetti mit Bärlauchpesto in der Pfanne erhitzen und auf vorgewärmte Teller verteilen. Lammrouladen halbieren, auf den Spaghetti anrichten.

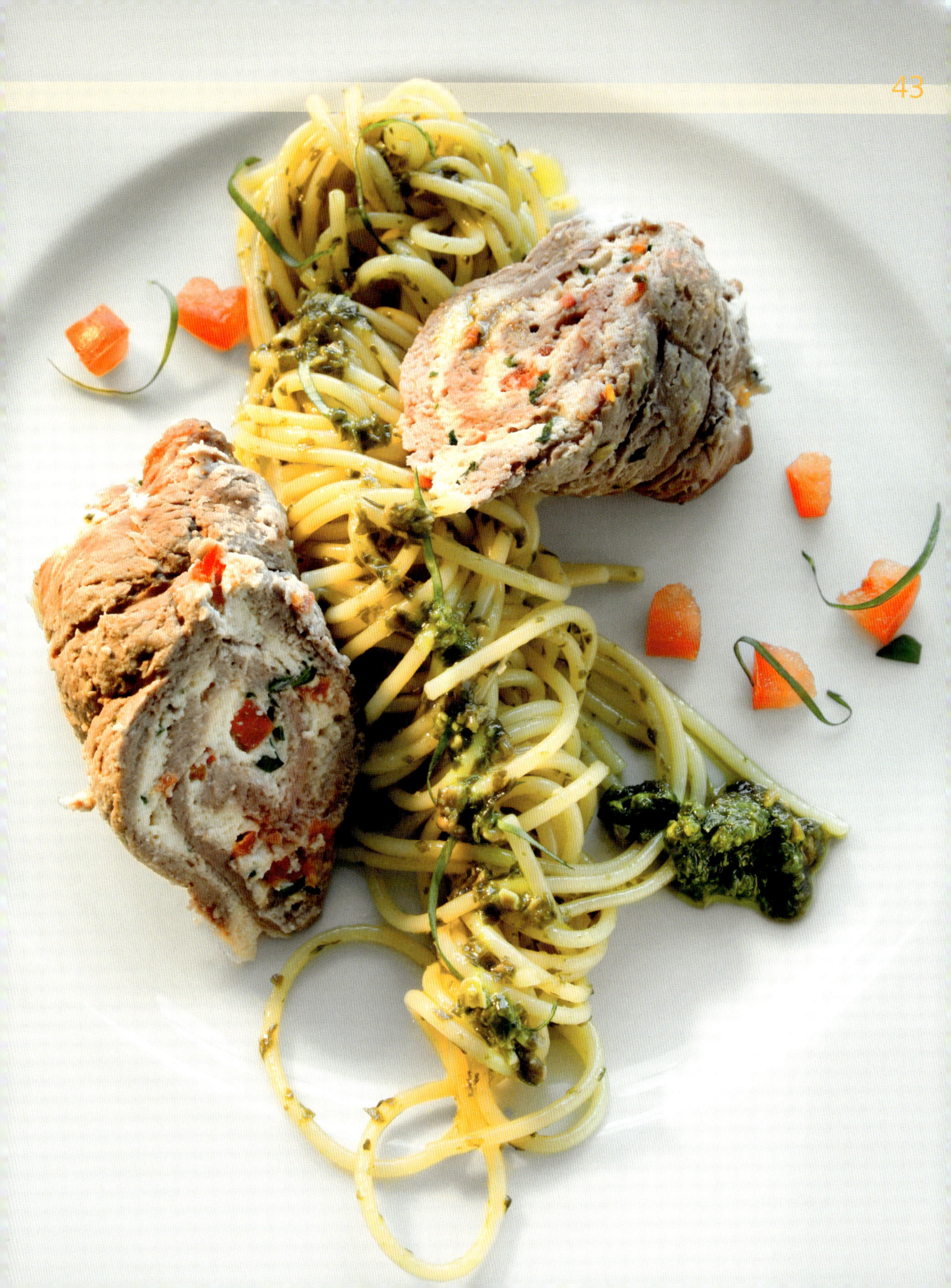

Milchlammrücken, gefüllt

600 g Milchlammrücken,
vom Metzger hohl ausgelöst
(der Rücken bleibt ganz,
mit beiden Filets), Paprikapulver
Salz, schwarzer Pfeffer aus der Mühle
1 Zweig Rosmarin, 100 ml Erdnussöl
80 ml Weißwein
150 ml Bratenjus
60 ml Doppelrahm
40 ml Sahne, Salz, Pfeffer

Für die Füllung:
½ Ei, 50 ml Milch, 50 g Weißbrot
ohne Rinde, klein gewürfelt
25 g Speckwürfel, 1 TL Butter
½ Knoblauchzehe, durch die Presse
gedrückt, 1 TL fein gehackte Petersilie
Salz, Pfeffer

Für die Garnitur:
4 Rosmarinzweige

1 Den Milchlammrücken rundum mit den Gewürzen und den abgestreiften Rosmarinnadeln einreiben, beiseite legen.

2 Für die Füllung das Ei mit der Milch verrühren, Brotwürfel zugeben und gut vermischen. Speckwürfel mit Butter in einer kleinen Pfanne auslassen. Knoblauch und Petersilie zugeben und mitdünsten, danach alles zum Brot geben, mit Salz und Pfeffer würzen, ca. 30 Minuten ruhen lassen.

3 Backofen auf 230 °C vorheizen. Den Milchlammrücken mit der Öffnung nach oben ausbreiten. Die Füllung hineingeben, das Fleisch von den Bauchlappen her einrollen und mit Küchengarn binden. In einem Bräter das Öl erhitzen, den gerollten Rücken von allen Seiten schön anbräunen. Den Bräter in den Backofen geben, den Lammrücken in 15–20 Minuten fertig braten. Fleisch herausnehmen, warm halten. Überschüssiges Fett aus dem Bräter abgießen, den Bratsatz mit Wein ablöschen und stark einkochen. Nun den Bratenjus zugeben, erneut stark einkochen. Doppelrahm und Sahne unterrühren, die Sauce mit Salz und Pfeffer abschmecken.

4 Zum Servieren den Lammrücken in Scheiben schneiden, auf Teller anrichten, mit der Sauce überziehen. Mit den Rosmarinzweigen garnieren. Als Beilage passen Blattspinat und Ofenkartoffeln oder ein Risotto.

Lammrückenfilet im Kräuter-Brikteigmantel
auf scharfem Kirschtomatenragout

4 Lammrückenfilets
Salz, Pfeffer
etwas Olivenöl zum Anbraten

80 g gemischte Kräuter (Estragon,
Basilikum, Salbei, Thymian, Rosmarin,
Petersilie)
1 Knoblauchzehe
1 Eigelb, 2 EL Senf
Salz, Pfeffer

8 Brikteigblätter, 100 ml Olivenöl

Für das Tomatenragout:
1 Schalotte, ½ Knoblauchzehe
½ Chilischote, 2 EL Olivenöl
40–50 Kirschtomaten (Roma)
300 ml Tomatensauce

Für die Garnitur:
gemischte Kräuter

1 Die Lammrückenfilets mit Salz und Pfeffer würzen, in einer Pfanne im Öl von allen Seiten anbraten. Fleisch aus der Pfanne nehmen und erkalten lassen.

2 Die Kräuter von den Stielen zupfen und fein hacken. Den Knoblauch ebenfalls fein hacken, mit Kräutern, Eigelb und Senf gut vermischen, mit Salz und Pfeffer würzen.

3 Backofen auf 180 °C vorheizen. Jeweils zwei Brikteigblätter übereinander flach auslegen. Die Filets mit der Kräutermischung ummanteln und auf den unteren Rand der Teigblätter legen. Seiten einschlagen und den Teig aufrollen. In einer Pfanne im Olivenöl von allen Seiten goldgelb anbraten, danach auf einem Blech im Backofen weitere 10 Minuten garen.

4 Für das Tomatenragout Schalotte, Knoblauch und Chilischote fein hacken, im Olivenöl bei mittlerer Hitze anschwitzen. Tomaten längs halbieren und kurz mitdünsten, dann mit Tomatensauce auffüllen und zum Kochen bringen. Die Tomaten 5 Minuten köcheln, die Sauce mit Salz und Pfeffer abschmecken.

5 Zum Servieren das Kirschtomatenragout auf Teller verteilen, je ein Brikteigpäckchen darüber legen, mit Kräutern garnieren und servieren.

Lammkarree unter der Kräuterkruste
mit weißen Bohnen

Für die Bohnen:
200 g weiße Bohnen, getrocknet
1 Karotte, 1 Stange Staudensellerie
1 Zwiebel, geschält
2 Tomaten, enthäutet, entkernt
1 Lorbeerblatt, 1 Knoblauchzehe, geschält, 1 kleiner Rosmarinzweig
1 EL Schwarzkümmel, ganz oder gemahlen, 4 EL Olivenöl Extra Vergine
grobes Meersalz, Pfeffer

2 Lammkarrees mit Fett, jeweils mit 4 Koteletts
Salz, schwarzer Pfeffer aus der Mühle

150 ml Olivenöl zum Braten

Für die Kruste:
je ½ Bund Blattpetersilie, Dill, Estragon und Rosmarin, 1 Knoblauchzehe
100 g Paniermehl, 1 Ei
1 Msp. Kardamom, gemahlen
1 Msp. Nelkenpfeffer, gemahlen
1 TL grobes Meersalz

Für die Garnitur:
je 8 junge Karotten und Eiszapfen, bissfest gekocht
Kräuterzweige (Rosmarin, Estragon)

1 Bohnen mit kaltem Wasser bedeckt über Nacht 12 Stunden einweichen, danach weich kochen, ohne zu würzen (ca. 45 Minuten). Karotte und Sellerie erst in dünne Scheiben, dann in Rauten schneiden, Zwiebel und Tomaten fein würfeln, mit Lorbeer, Knoblauch, Rosmarin und Kümmel zu den Bohnen geben, erneut zum Kochen bringen und 10 Minuten köcheln. Mit Olivenöl, Salz und Pfeffer würzen.

2 Backofen auf 180 °C vorheizen. Beide Lammkarrees salzen, pfeffern, rundum im Olivenöl anbraten, danach im Backofen ca. 10 Minuten garen. Das Fleisch aus dem Ofen nehmen, an der Wärme ein paar Minuten ruhen lassen.

3 Backofen auf 220 °C vorheizen. Die Kräuter von den Stielen zupfen, in der Küchenmaschine mit den restlichen Zutaten zerkleinern. Lammkarrees rundum mit der Mischung bedecken, gut andrücken, im Backofen 1–2 Minuten überkrusten.

4 Zum Servieren die Bohnen auf Teller geben, Lammkarrees in Koteletts schneiden und über die Bohnen legen, mit Karotten, Eiszapfen und Kräutern garnieren.

Rosa gebratener Lammrücken
mit Tomatencaponata und Kopfsalatrisotto

½ Lammrücken ohne Knochen, 600–700 g, Meersalz, Pfeffer aus der Mühle, 4 EL Olivenöl
2 Rosmarinzweige, 4 Thymianzweige

Für den Risotto:
250 g Risotto-Reis, 4 Schalotten, fein gewürfelt, 2 EL Olivenöl, 2 EL Butter
250 ml Weißwein, 500 ml Gemüsebrühe, 1 Kopfsalat, ½ Knoblauchzehe, fein gerieben, 100 g frisch geriebener Parmesan, 150 g geschlagene Sahne

Meersalz, Pfeffer aus der Mühle

Für die Tomatencaponata:
500 g bunt gemischte Kirschtomaten
2 Schalotten, fein gewürfelt
2 EL Olivenöl, 1 EL Zucker
250 ml weißer Balsamico
je 1 EL gehackte Petersilie und Kerbel
Salz, schwarzer Pfeffer aus der Mühle

Für die Garnitur:
Schnittlauchhalme, Kerbelzweiglein

1 Backofen auf 150 °C vorheizen. Den Lammrücken mit Salz und Pfeffer würzen, in einer Pfanne im Olivenöl von allen Seiten scharf anbraten, er soll schön gebräunt sein. Das Fleisch zusammen mit den Kräutern in ein großes Stück Alufolie wickeln, in eine feuerfeste Form legen und im Backofen 10 Minuten ruhen lassen.

2 Für den Risotto den Reis in einem Sieb kalt abspülen. Schalotten im Öl-Butter-Gemisch anschwitzen, den Reis glasig dünsten. Mit Weißwein ablöschen, mit kochender Gemüsebrühe aufgießen, den Reis bei kleiner Hitze 20 Minuten mit Deckel garen. Kopfsalat putzen, waschen und in feine Streifen schneiden. Wenn der Reis weich ist, den Kopfsalat, Knoblauch, Parmesan und die Sahne unterziehen, wenn nötig, etwas verdünnen, der Risotto soll weich und cremig sein. Abschmecken.

3 Die Kirschtomaten enthäuten und halbieren. Schalotten in Öl glasig dünsten, mit Zucker überstreuen und karamellisieren, mit Balsamico ablöschen. Etwas einkochen, Tomaten und Kräuter zugeben, aufkochen, mit Salz und Pfeffer würzen.

4 Zum Servieren das Fleisch in Scheiben schneiden. Risotto und Tomatencaponata auf Teller geben, mit Lammrückenscheiben belegen, mit Kräutern garnieren.

Lamm-Navarin

1,2 kg Lammschulter
3 EL Mehl
Salz und Pfeffer
400 g Kartoffeln
3 Zwiebeln
6 mittelgroße Karotten

30 g geklärte Butter
30 ml Olivenöl
3 Tomaten, enthäutet, entkernt, gehackt
2 Knoblauchzehen, zerdrückt
1 Zweig Rosmarin
500 ml Fleischbrühe
125 ml Sahne
2 EL Tomatenmark
Salz, schwarzer Pfeffer aus der Mühle

1 Die Lammschulter von Knochen, Sehnen und Häuten befreien und in ca. 2 cm dicke Würfel schneiden. Das Mehl mit Salz und Pfeffer mischen, die Fleischstücke darin wenden. Kartoffeln und Zwiebeln schälen, Karotten schaben. Kartoffeln und Karotten halbieren, Zwiebeln vierteln.

2 In einem gusseisernen Topf die Butter und das Öl erhitzen und das Lammfleisch rundum kräftig anbraten. Zwiebelviertel, gehackte Tomaten, zerdrückte Knoblauchzehen und Rosmarin zugeben. Die Fleischbrühe angießen und das Gericht mit Deckel gut 40 Minuten kochen lassen. Dann die Kartoffeln und die Karotten in den Topf geben und weitere 20 Minuten mitkochen. Zum Schluss die Sahne und das Tomatenmark unterrühren, mit Salz und Pfeffer abschmecken.

3 Zum Servieren das dampfend heiße Lamm-Navarin in tiefe Teller anrichten, mit Schwarzbrot und Butter servieren.

PROFITIPP Lammwürfel sehr heiß anbraten, damit das Fleisch kein Wasser ziehen kann. Mit der Öl-Butter-Mischung kann ein höherer Hitzegrad erreicht werden. Als Beilage zum Lamm-Navarin passen nach Wunsch auch Nudeln oder knackiges Gemüse und Kartoffelgratin.

Lammrücken, im Alusäckchen gegart,
mit Tomaten-Bohnengemüse und kandiertem Lammjus

**2 entbeinte Lammrücken,
von einem jungen Lamm
(Knochen mitgeben lassen)**
2 EL Rapsöl zum Braten
Salz
schwarzer Pfeffer aus der Mühle
2 Rosmarinzweige
2 Thymianzweige
1 Knoblauchzehe,
durch die Presse gedrückt

Für den kandierten Jus:
2 Karotten, geschält
1 Stück Sellerie, geputzt
½ Lauchstange, nur der weiße Teil
1 Zwiebel
100 ml Öl zum Braten
40 g Tomatenmark
200 ml Rotwein
2 Knoblauchknollen mit Stiel
1 EL Rapsöl
Salz
250–500 ml Gemüsebrühe
2 EL Zucker
Salz, Pfeffer

600 g grüne Bohnen
250 g Cherrytomaten
40 g Butter
Salz, Pfeffer

1 Für den kandierten Jus die Lammknochen klein hacken, das Gemüse und die Zwiebel grob würfeln. Lammknochen in einem Bräter im Öl scharf anbraten, die Gemüse- und Zwiebelwürfel hinzufügen und mitbraten, das Tomatenmark unterrühren und ebenfalls leicht anbraten. Wenn alles schön gebräunt ist, mit einem Schuss Rotwein ablöschen und einkochen, dann den Vorgang wiederholen, bis der Rotwein aufgebraucht ist. In einer anderen Pfanne die aufgeschnittenen Knoblauchknollen ungeschält in wenig Rapsöl anbraten, mit Salz bestreuen. Nun die Knochen im Bräter mit Gemüsebrühe auffüllen, den Knoblauch mit der Schnittfläche nach oben hinein legen und das Ganze im Backofen bei 200 °C ca. 1 Stunde braten, hin und wieder mit Gemüsebrühe aufgießen und den Bratsatz lösen. Knoblauch beiseite legen und warm halten. Den Jus entfetten, passieren, wenn er zu sehr eingekocht sein sollte, mit wenig Wasser verdünnen. Zucker in einem Topf karamellisieren und mit dem heißen Jus auffüllen. Unter Rühren kochen, bis sich der Karamell aufgelöst hat. Mit Salz und Pfeffer würzen.

⭐ Backofen auf 180 °C einstellen. Die schön parierten Lammrückenfilets in einer Pfanne rundum kurz in heißem Rapsöl anbraten. Jedes Fleischstück auf ein Stück Alufolie legen, salzen und pfeffern, je einen Zweig Rosmarin, Thymian und etwas Knoblauch dazugeben. Die Alufolie gut verschließen, das Fleisch im heißen Ofen in ca. 10 Minuten fertig garen. Die Päckchen aus dem Backofen nehmen, das Fleisch an der Wärme etwas ruhen lassen. Den ausgetretenen Fleischsaft vor dem Servieren zum Lammjus passieren.

⭐ Bohnen putzen und waschen, in Salzwasser knackig gar kochen und im Sieb abtropfen lassen. Cherrytomaten halbieren. In einer Pfanne die Butter schmelzen, die Bohnen und die Cherrytomaten zugeben und schwenken, bis alles schön mit Butter überzogen ist und die Tomaten heiß geworden sind. Mit Salz und Pfeffer würzen.

⭐ Zum Servieren die Lammrückenfilets aus der Alufolie nehmen und in Scheiben schneiden. Das Tomaten-Bohnengemüse auf vorgewärmte Teller anrichten, die Fleischscheiben darüber geben und mit der kandierten Lammjus überziehen. Mit je einer mitgegarten Knoblauchhälfte garnieren.

PROFITIPP Die Filets nehmen die zarten Kräuteraromen wunderbar an, da sie zusammen in Alufolie eingeschlossen und gegart werden.
Das hier beschriebene Rezept für kandierten Lammjus passt auch zu anderen kurzgebratenen oder auf dem Grill zubereiteten Lammfleischgerichten: Wenn also Jus übrig bleiben sollte, kann er problemlos eingefroren und bei Bedarf aufgetaut werden.

Lamm im Filoteig

300 g Lammfleisch aus der Keule
2 EL Olivenöl zum Braten
50 ml Weißwein
6 Frühlingszwiebeln, fein geschnitten
200 g Tomatenwürfel aus der Dose
1 Thymianzweig
Salz, schwarzer Pfeffer aus der Mühle

2 Frühlingszwiebeln

4 Blätter Filoteig (160 g)
Olivenöl zum Bepinseln

Öl zum Frittieren

1 Lammfleisch in ca. 1 cm große Würfel schneiden. In einer Pfanne das Olivenöl erhitzen, Fleischwürfel unter Wenden anbraten, ohne Farbe nehmen zu lassen. Mit Weißwein ablöschen, fein geschnittene Frühlingszwiebeln, Tomatenwürfel und abgestreifte Thymianblättchen zugeben, mit Salz und Pfeffer würzen. Bei kleiner Hitze köcheln, bis die meiste Flüssigkeit verdampft ist. Die Masse abkühlen lassen.

2 Frühlingszwiebeln in Salzwasser 1–2 Minuten blanchieren. Danach der Länge nach in Streifen schneiden, erkalten lassen.

3 Filoteigblätter zur Hälfte mit Olivenöl bepinseln, dann die Blätter zusammenklappen. Die Lammfleischmasse im mittleren Bereich der oberen Ränder verteilen und fest in die Teigblätter einrollen. Die Enden mit blanchierten Frühlingszwiebelstreifen zusammenbinden, so dass die Päckchen wie Bonbons aussehen.

4 Filoteigpäckchen schwimmend in Frittieröl goldgelb ausbacken, danach auf Küchenpapier abtropfen lassen.

PROFITIPP Das im Filoteig knusprig ausgebackene Lamm ergibt eine wunderbar aromatische Vorspeise, die besonders harmonisch wird, wenn zum Dippen eine griechische Schafmilchjoghurtsauce bereitgestellt wird, die mit Minze oder mit Knoblauch gewürzt sein kann. Dazu passen Streifen von rohem Gemüse wie Salatgurke, Karotte, Paprika und Stangensellerie.

Milchlammkarree
unter der Pecorino-Pistazienkruste mit Traubenmost-Sauce

4 Karrees vom Milchlamm, je ca. 350 g
2 EL Olivenöl, Salz, Pfeffer

1 Schalotte, gewürfelt, 1 Lorbeerblatt
500 ml Most von gekochtem Wein
(mosto cotto)
250 ml Fleischfond, Salz, Pfeffer
je 1 Rosmarin- und 1 Thymianzweig

Für die Kruste:
100 g Pistazien, gemahlen
100 g Pecorino, gerieben
2 Eiweiß, verquirlt
schwarzer Pfeffer aus der Mühle

Für die Garnitur:
1 EL grob gehackte Pistazien

1 Die Karrees in einer Pfanne mit wenig Öl anbraten und mit Salz und Pfeffer würzen. Wenn sie schön gebräunt sind, die Karrees aus der Pfanne nehmen und zur Seite stellen. Nun die Schalotte und den Lorbeer in der Pfanne anschwitzen. Sobald sie goldgelb sind, den Most und den Fleischfond hinzufügen, mit Salz und Pfeffer würzen und einige Minuten kochen lassen. Nun das Fleisch mit Rosmarin und Thymian in die Sauce geben, zudecken und ca. 10 Minuten kochen.

2 Backofen auf 220 °C vorheizen. Gemahlene Pistazien mit Pecorino und Eiweiß vermischen, mit etwas gemahlenem Pfeffer würzen. Die Karrees mit dieser Masse bestreichen und in einen Bräter legen. Im vorgeheizten Backofen 4 Minuten backen oder so lange, bis die Kruste goldgelb geröstet ist. Währenddessen die Mostsauce einkochen, mit Salz und Pfeffer abschmecken und durch ein feines Sieb passieren.

3 Zum Servieren die Karrees aufschneiden und auf Teller legen. Mit der Mostsauce umgießen und mit gehackten Pistazien bestreuen.

PROFITIPP Zu diesem Lammgericht passt jedes Gemüse der Saison, im Frühjahr z.B. Artischocken und grüner Spargel, im Sommer grüne Bohnen und Tomaten, im Herbst Karotten und Brokkoli, im Winter Wirsing und Fenchel, alles jeweils bissfest gekocht und in Olivenöl angebraten. Als weitere Beilage passen alle Arten von gebratenen oder gebackenen Kartoffeln.

Lammrücken im Kräuter-Speckmantel
auf Butterböhnchen

800 g Lammrücken, ohne Knochen und Silberhaut
1 Zweig Rosmarin
1 Zweig Thymian
1 kleines Bund Petersilie
150 g roh geräucherter Speck, in Scheiben geschnitten
Salz, schwarzer Pfeffer aus der Mühle

1 EL Butterschmalz zum Braten
150 ml Rotwein

500 g grüne feine Böhnchen
2 EL Butter
250 g Kirschtomaten, halbiert
Salz, Pfeffer

1 Den Lammrücken quer in 2 etwa gleich große Stücke schneiden. Die Kräuter waschen, trocknen, Stiele entfernen, Blätter und Nadeln fein hacken. Speckscheiben auf 2 Stück Klarsichtfolie dicht nebeneinander auslegen, mit den gehackten Kräutern bestreuen, dann den Lammrücken darüber legen, mit Salz und Pfeffer würzen. Jetzt mit Hilfe der Folie vorsichtig fest aufrollen, so dass die Kräuter am ganzen Lammrücken gleichmäßig verteilt sind und der Speck eine Hülle um das Lamm bildet. Die Klarsichtfolie entfernen, die Lammrollen mit Küchengarn festbinden.

2 Bohnen putzen und in Salzwasser knackig kochen, danach im Eiswasser abschrecken. Aus dem Wasser nehmen und abtropfen lassen.

3 Butterschmalz in eine Pfanne geben und die Lammrückenrollen von jeder Seite bei mittlerer Hitze anbraten, bis sie rundum gebräunt sind. Danach das Küchengarn entfernen, das Fleisch aus der Pfanne nehmen und bei 80 °C warm stellen. Den Bratsatz in der Pfanne mit Rotwein lösen, mit Salz abschmecken und einkochen. Den Jus durch ein feines Sieb passieren.

4 In einer anderen Pfanne die Butter schmelzen, Tomatenhälften anschwitzen, die Bohnen darin schwenken und heiß werden lassen. Mit Salz und Pfeffer würzen.

5 Zum Servieren die Bohnen mit Tomaten auf Teller anrichten, die Lammrücken aufschneiden und daneben geben, mit etwas Rotweinreduktion beträufeln.

Lammkotelett mit Parmesankruste

1,5 kg Lammrücken, vom Metzger so vorbereiten lassen, dass die Koteletts leicht abgetrennt werden können
Salz, Pfeffer
150 ml Olivenöl
1 Knoblauchzehe, halbiert
2 Thymianzweige

Für die Kruste:
90 g weiche Butter
60 g geriebener Parmesan
60 g Weißbrotbrösel
10 g gehackter Thymian

1 Backofen auf 170 °C vorheizen. Lammkotelettstränge mit Salz und Pfeffer würzen. In einem Bräter das Olivenöl erhitzen, das Fleisch einlegen und kräftig anbraten. Knoblauch und Thymian zugeben, den Lammrücken im Backofen 15–20 Minuten garen, dabei das Fleisch hin und wieder mit Bratfett übergießen. Den Bräter aus dem Backofen nehmen, das Fleisch mit Alufolie bedeckt an der Wärme 10 Minuten ruhen lassen.

2 Für die Kruste die Butter in einer Schüssel aufschlagen, mit Parmesan, Bröseln und Thymian vermischen. In ein Stück Alufolie geben und zu einer Rolle formen. Im Gefrierfach fest werden lassen.

3 Fertigstellung: Backofen auf 250 °C vorheizen. Die Krustenrolle in dünne Scheiben schneiden, den Lammrücken damit belegen und im Backofen bei maximaler Oberhitze oder unter dem Grill gratinieren.

4 Zum Servieren den Lammrücken mit einem großen Messer in Koteletts zerteilen und auf Teller anrichten. Zu den würzigen, saftigen Koteletts passt Risotto, Gemüse vom Grill oder ein bunt gemischter Salat.

PROFITIPP Wenn der Lammrücken am Stück gegart wird, bleibt das Fleisch saftiger und bei optimaler Fleischqualität kommt das Aroma des nur rosa gegarten Fleisches so am besten zur Geltung.

Lammkoteletts mit Röstgemüse

1 Lammrücken mit 8 Koteletts
Olivenöl
Salz, Pfeffer
1 Thymianzweig
1 Rosmarinzweig

Für das Röstgemüse:
2 mittlere Karotten, geschält
1 Zucchino
2 Stängel Staudensellerie
4 EL Olivenöl
1 Knoblauchzehe, geschält
8 Schalotten, geschält
4 Lauchzwiebeln
80 ml Lammjus
Salz, Pfeffer
je 1 EL gehackte Petersilie,
Basilikum und Kerbel

1 Die Kotelettknochen vom Lamm schön zuputzen. Das Fleisch mit Olivenöl bepinseln, mit Salz und Pfeffer würzen und auf dem Grill bei kleiner Hitze von beiden Seiten je 5–6 Minuten rösten. Danach den Rücken mit Rosmarin und Thymian in Alufolie packen und das Fleisch an der Wärme 10 Minuten ruhen lassen.

2 Karotten, Zucchino und Sellerie nach Belieben in Stücke oder Scheiben schneiden. In der Pfanne oder im Wok das Olivenöl mit dem Knoblauch erhitzen. Zuerst die Karotten und Schalotten zugeben und bei kleiner Hitze braten, dann den Sellerie, die Lauchzwiebeln und die Zucchini hinzufügen. Solange braten, bis alles weich ist, aber noch Biss hat, dabei das Gemüse hin und wieder umrühren. Mit Lammjus, Salz und Pfeffer würzen, zum Schluss die gehackten Kräuter unterrühren.

3 Zum Servieren den Lammrücken in Koteletts teilen. Das Röstgemüse in lockeren Häufchen auf Teller verteilen, mit je 2 Koteletts garnieren und servieren.

PROFITIPP Die aus dem Fleisch herausragenden Kotelettknochen sehen appetitlicher aus, wenn sie vor dem Braten mit dem Messerrücken sauber abgeschabt und so von den anhaftenden Sehnen befreit werden.

Lammkrone mit gemischtem Bohnenragout, Rotwein-Balsamico-Schalotten und Rosmarinkartoffeln

2 Lammkronen, pariert, je ca. 600 g (Lammrücken mit Kotelettknochen, zur Krone zusammengebunden)
Olivenöl zum Bepinseln
Meersalz
schwarzer Pfeffer aus der Mühle
3 Scheiben Toastbrot
einige Zweige gemischte Kräuter
(z. B. Thymian, Kerbel, Basilikum und Majoran)
Meersalz
Zitronenpfeffer
2–3 EL Pommery-Senf

Für das Bohnenragout:
2 Schalotten, fein gewürfelt
2 Knoblauchzehen, fein gehackt
2–3 EL natives Olivenöl Extra Vergine
500 g bunte gemischte Bohnen, gekocht (grüne, weiße und rote)
250 ml Fleischbrühe
2–3 Tomaten, entkernt und gewürfelt
Meersalz
schwarzer Pfeffer aus der Mühle

8–10 Schalotten geschält und halbiert
2 EL Olivenöl
300 ml trockener Rotwein
1–2 Lorbeerblätter
1–2 EL Balsamico-Glace, Meersalz
schwarzer Pfeffer aus der Mühle

500 g neue Kartoffeln
2–3 EL Olivenöl
1 Rosmarinzweig, Meersalz

⭐**1** Backofen auf 180 °C vorheizen. Die Lammkronen rundum mit Olivenöl bepinseln, mit Meersalz und schwarzem Pfeffer würzen, dann das Fleisch im Backofen in 25–30 Minuten medium garen. Die Toastbrotscheiben in kleine Würfel schneiden, mit den von den Stielen gezupften Kräutern im Mixer oder in der Küchenhackmaschine fein zerkleinern, mit Meersalz und Zitronenpfeffer würzen. Die Lammkronen mit Senf dünn einstreichen, dann mit den Kräuterbröseln bestreuen und diese leicht andrücken. Die Kronen nochmals kurz in den Backofen (mit Grillfunktion oder maximaler Oberhitze) geben, damit es eine schöne Kruste gibt. Das Fleisch anschließend an der Wärme 10 Minuten ruhen lassen.

2 Für das Bohnenragout die Schalotten und den Knoblauch in Olivenöl glasig dünsten. Bohnen hinzugeben, mit Fleischbrühe auffüllen und aufkochen. Kurz vor dem Servieren die Tomatenwürfel zugeben und nur noch einmal aufkochen. Mit Meersalz und Pfeffer aus der Mühle würzen.

3 Die halbierten Schalotten in Olivenöl rundum anbraten, dann mit Rotwein ablöschen. Lorbeer einlegen und köcheln, bis die meiste Flüssigkeit verdampft ist und die Schalotten gar sind. Balsamico-Glace unterrühren, mit Meersalz und Pfeffer aus der Mühle würzen.

4 Backofen auf 180 °C vorheizen. Die Kartoffeln gründlich waschen, dabei wenn nötig mit einer Bürste gründlich abbürsten, dann halbieren und mit Küchenpapier trocken tupfen. In einer feuerfesten Form die Kartoffelhälften mit Olivenöl gut vermischen, mit gezupftem Rosmarin und grobem Meersalz würzen, im Backofen 35–40 Minuten garen.

5 Zum Servieren die Lammkronen den Gästen am besten im Ganzen präsentieren und erst bei Tisch in einzelne Koteletts schneiden.

PROFITIPP Diese Zubereitungsart eignet sich auch sehr gut für Lammrückenfilet: Die gewürzten Lammrückenfilets in der Pfanne kurz und scharf anbraten, mit den Kräuterbröseln bedeckt in einer feuerfesten Form im Backofen gratinieren. Vor dem Servieren das Fleisch einige Minuten ruhen lassen, damit sich der Fleischsaft setzen kann und das Fleisch beim Anschneiden nicht »ausblutet«.

In Salbei geschmorte Lammkeule
auf Bohneneintopf mit gebackenen Polentanocken

1 Lammkeule (von 6 Monate alten Tieren – das ist die passende Größe für 4–6 Personen)
Salz, Pfeffer
30 ml Öl zum Braten
80 g Rauchspeck (grob gewürfelt)
30 g geklärte Butter
140 g Röstgemüse (80 g Karotte, 30 g Sellerie, 30 g Petersilienwurzel)
240 g Zwiebeln, 30 g Tomatenmark
600 ml kräftiger Portwein
500 ml Lammfond
100 g Champignons, geviertelt
1 Tomate, grob gewürfelt
6 Knoblauchzehen, geschält
1 Bund Salbei, 1 Lorbeerblatt
1 EL weiße Pfefferkörner
30 g kalte Butter

Für den Bohneneintopf:
200 g Saubohnen, ausgehülst
je 200 g weiße Bohnen (z.B. Cannellino) und Kidneybohnen, über Nacht in kaltem Wasser eingeweicht

2 l Gemüse- oder Fleischbrühe
200 g Rauchspeck
½ Bund Bohnenkraut
6 Zehen Knoblauch, geschält
1 Zweig Rosmarin, 2 Lorbeerblätter
1 EL Pfefferkörner
400 g Sahne, Salz
evtl. 1 Spritzer Essig
½ Bund Petersilie, fein gehackt

Für die Polentanocken:
500 g Milch
120 g Maisgrieß, 2 Eigelb
50 g Butter, 50 g Parmesan, gerieben
Salz, Pfeffer
Mehl, verquirltes Ei
und Semmelbrösel zum Panieren
Öl zum Frittieren

Für die Garnitur:
50 g Crème fraîche
Salz und Pfeffer
4 Scheiben Tiroler Speck
1 TL Öl zum Braten

1 Backofen auf 140 °C vorheizen. Die Lammkeule schön parieren, mit Salz und Pfeffer würzen und im Bräter im Öl rundum anbraten. Die Abschnitte von der Keule und Speckwürfel zugeben und mitbraten. Die Lammkeule, sobald sie rundum schön gebräunt ist, herausnehmen, das Bratfett abgießen und die Butter zugeben. Röstgemüse und Zwiebeln grob würfeln, in der Butter gleichmäßig braun rösten. Tomatenmark zugeben und zwei Minuten mitrösten, mit der Hälfte des Portweins ablöschen und einkochen. Mit dem restlichen Portwein und Lammfond auffüllen und aufkochen. Champignons, Tomatenwürfel, Knoblauch, Salbei, Lorbeer und Pfefferkörner in den Bräter geben und das Fleisch zugedeckt im Backofen 2 Stunden garen, dabei das Gargut im Bratfond öfter wenden. Wenn das Fleisch weich ist, die Keule herausnehmen und warm stellen. Die Sauce durch ein Sieb passieren und einkochen, bis sie bindet. Die kalte Butter unterrühren und abschmecken.

2 Für den Bohneneintopf die Saubohnenkerne in kochendem Salzwasser blanchieren, in kaltem Wasser abschrecken, danach die Bohnenkerne häuten und beiseite stellen. Die Cannellino- und die Kidneybohnen in zwei Töpfe geben und mit Brühe auffüllen. Je die Hälfte vom Speck, Bohnenkraut, Knoblauch, Rosmarin, Lorbeer und der Pfefferkörner auf die Töpfe verteilen und zum Kochen bringen, bei kleiner Hitze gar köcheln. Wenn die Bohnen weich sind, die Hälfte der Cannellinobohnen herausnehmen und mit der Sahne zu einem sämigen, halbflüssigen Bohnenpüree zerkleinern. Die restlichen Bohnen abgießen und bereitstellen. Für den Eintopf alle drei Bohnensorten in das dünne Bohnenpüree geben und abschmecken, nach Belieben mit einem Spritzer Essig verfeinern. Die fein gehackte Petersilie zum Schluss zugeben.

3 Für die Polentanocken die Milch zum Kochen bringen und den Maisgrieß einrieseln lassen. Unter ständigem Rühren bei kleiner Hitze ca. 17 Minuten ausquellen lassen. Unter den noch heißen Brei die Eigelb und die Butter rühren, die Polenta leicht herunterkühlen, dann den geriebenen Parmesan unterheben, mit Salz und Pfeffer abschmecken. Den Maisbrei kalt und fest werden lassen. Mit Hilfe von 2 großen Löffeln gleichmäßige Nocken ausstechen. Diese doppelt panieren, dann bei 160 °C schwimmend ausbacken (Vorsicht, nicht zu lange frittieren, die Nocken zerplatzen sonst). Diese Polentanocken nennt man auch Römische Nocken.

4 Für die Garnitur die Crème fraîche mit Salz und Pfeffer glatt rühren, die Speckscheiben in der Pfanne kross braten.

5 Zum Servieren den Bohneneintopf erwärmen und in den Tellern anrichten. Von der Lammkeule Scheiben abschneiden und auf den Eintopf legen, die Polentanocken außen herum verteilen. Das Fleisch mit Sauce nappieren, mit Speck und Crème frâiche garnieren. Restliche Sauce in einer Sauciere dazu reichen.

Lammkeule, gefüllt mit Doppelrahmfrischkäse, Kartoffelkrapfen und Ratatouille

700 g Lammfleisch
aus der Keule (entbeint)
Salz, Pfeffer
70 g Wildspinat
(ersatzweise normaler Spinat)
300 g Doppelrahmfrischkäse
40 g Semmelbrösel
2 Eigelb
1 EL fein gehackte Minzeblätter
Salz, Pfeffer
Olivenöl zum Bepinseln
200 ml Weißwein

Für die Kartoffelkrapfen:
25 g Butter, 1 Prise Salz
100 ml Wasser
50 g Mehl
50 g Ei (1 großes Ei)
500 g heiße, gekochte Kartoffeln,
durch die Presse gedrückt
1 Prise frisch geriebene Muskatnuss
Salz, Öl zum Frittieren

Für die Ratatouille:
1 Zwiebel, geschält
½ Knoblauchzehe
2 EL Olivenöl
je ½ rote, gelbe und grüne Paprika
1 mittelgroßer Zucchino
1 kleine Aubergine
1 Tomate, enthäutet und entkernt,
in Würfel geschnitten
1 EL fein gehackte Kräuter:
Rosmarin, Thymian und Oregano
Salz, Pfeffer

Für die Garnitur:
4 kleine Minzezweige

★ Backofen auf 170 °C vorheizen. Das Fleisch etwas flach klopfen, mit Salz und Pfeffer würzen, die Spinatblätter darüber ausbreiten. In einer kleinen Schüssel den Doppelrahmfrischkäse mit Semmelbröseln, Eigelb und Minze vermischen, mit Salz und Pfeffer würzen. Die Masse über den Spinat geben und das Fleisch aufrollen. Mit Küchengarn zusammenbinden und von außen mit Olivenöl bepinseln, in einen Bräter geben, mit Weißwein umgießen und im Backofen ca. 50 Minuten garen. Von Zeit zu Zeit den Rollbraten mit Fond aus dem Bräter übergießen. Nach dem Braten mit Alufolie bedeckt 10 Minuten ruhen lassen.

2 Für die Kartoffelkrapfen in einem kleinen Topf die Butter mit Salz und Wasser zum Kochen bringen, das Mehl unterrühren, bis sich ein Klumpen bildet. Den Topf vom Herd ziehen und nach und nach das Ei einarbeiten. Den Brandteig mit den heißen, pürierten Kartoffeln vermischen, mit Muskat würzen, mit wenig Salz abschmecken. Aus dem Teig mit 2 Esslöffeln halbmondförmige Nocken formen und im Frittieröl goldgelb ausbacken. Gut abtropfen lassen, warm halten.

3 Für die Ratatouille die Zwiebel und den Knoblauch fein würfeln, in einem Topf in Olivenöl glasig dünsten. Paprika, Zucchino und Aubergine putzen, in kleine Würfel schneiden und mitdünsten. Tomaten und Kräuter zugeben, mit Salz und Pfeffer würzen, dann alles zugedeckt 4–5 Minuten bei kleiner Hitze dünsten.

4 Zum Servieren die Lammrolle in Scheiben schneiden und auf vorgewärmte Teller anrichten, mit je einem kleinen Minzezweig garnieren. Kartoffelkrapfen und Ratatouille daneben geben und servieren.

PROFITIPP Lammkeule oder Gigot, im Ganzen gegart, hat den Vorteil, dass das Fleisch, wenn es nur rosa gegart wird, den vollen Saft behält. Wenn die ausgebeinte Keule wie hier beschrieben gefüllt und wieder aufgerollt wird, erfüllt dies den gleichen Zweck und das Lamm profitiert noch dazu von den Aromen der Füllung. Lämmer ernähren sich, nachdem sie der Milchphase entwachsen sind, in der Regel ganz natürlich auf Wiesen und Almen. Sie lieben besonders aromatische Gewürzkräuter, was sich auf die Fleischqualität positiv auswirkt. Entsprechend passen fast alle Kräuter zur Zubereitung von Lammfleisch. Die Kombination von Minze und Lamm (oder Ziege) findet sich verbreitet in der östlichen Mittelmeerküche, in der arabischen Küche, sie ist aber auch in Indien und in England üblich.

Masala-Lammspießchen, Joghurtsauce, karamellisierte Süßkartoffeln und geschmorter Fenchel

800 g Lammfleisch, pariert (Filet oder Keule)
3 EL Olivenöl zum Braten
1 Rosmarinzweig, 2 Thymianzweige

Für die Marinade:
1 TL Garam Masala
(indische Gewürzmischung)
1 TL fein gehackter Ingwer
1–2 Knoblauchzehen, fein gehackt
1–2 Chilischoten, fein gehackt
½ TL Meersalz
3 EL Olivenöl Extra Vergine

Für die Joghurtsauce:
350 g Bio-Naturjoghurt
Saft von ½ Zitrone
1 Knoblauchzehe, fein gehackt
1 TL fein gehackte Minzeblätter
Meersalz
schwarzer Pfeffer aus der Mühle

Für die Süßkartoffeln:

2–3 dicke Süßkartoffeln
3 EL Rapsöl
2–3 EL Rohrzucker
Meersalz
schwarzer Pfeffer aus der Mühle
1 EL Kokosflocken

Für den geschmorten Fenchel:
2 Fenchelknollen
2–4 Frühlingszwiebeln
2 Tomaten
500 ml Gemüsefond
2 EL Pernod
2 EL Olivenöl Extra Vergine
Meersalz
schwarzer Pfeffer aus der Mühle
1 EL geröstete Pinienkerne

1 Das Fleisch in ca. 3 cm große Würfel schneiden. In einer Edelstahlschüssel die Zutaten für die Marinade verrühren, die Lammfleischwürfel zugeben, gut mit der Marinade vermischen. Mit Folie bedecken und das Lammfleisch im Kühlschrank ca. 6 Stunden marinieren (oder über Nacht). Danach die Fleischwürfel auf gewässerte Bambus- oder Holzspieße stecken. In einer Pfanne das Olivenöl mit abgezupften Kräutern erhitzen, die Spieße rundum kräftig anbraten.

2 Für die Joghurtsauce die Zutaten verrühren, mit Meersalz und frisch gemahlenem Pfeffer abschmecken und kühl stellen.

3 Süßkartoffeln ungeschält in Salzwasser ca. 15 Minuten bissfest garen. Vorsichtig aus dem Wasser nehmen und vollständig auskühlen lassen. Mit einem Messer schälen, dann die Kartoffeln in 1,5 cm dicke Scheiben schneiden. In einer beschichteten Pfanne das Öl erhitzen und die Kartoffelscheiben von beiden Seiten hellbraun braten. Mit Rohrzucker bestreuen und leicht karamellisieren, vor dem Servieren die Süßkartoffeln mit Meersalz und Pfeffer würzen und mit Kokosflocken bestreuen.

4 Für den geschmorten Fenchel den Backofen auf 200 °C vorheizen. Fenchelknollen putzen und vierteln, die Frühlingszwiebeln putzen und grob schneiden, die Tomaten blanchieren, enthäuten, vierteln und entkernen. Alles Gemüse in eine Cocotte (Schmortopf) geben, mit Fond aufgießen, mit Pernod, Olivenöl, Meersalz und Pfeffer würzen und im Backofen in ca. 40 Minuten bissfest garen.

5 Zum Servieren auf jeden Teller einen Klecks Joghurtsauce geben, mit einem Lammspieß belegen, daneben die karamellisierten Süßkartoffelscheiben und etwas Schmorgemüse anrichten. Geröstete Pinienkerne über den Fenchel streuen, die restliche Joghurtsauce in einer Sauciere dazu reichen.

PROFITIPP Die Schärfe der Lammfleischspieße mildert hier die Joghurtsauce, wie es auch in der indischen Küche gebräuchlich ist.

Süßkartoffeln, obwohl mit unseren heimischen Kartoffeln botanisch nicht verwandt (Heimat: Mittel- und Südamerika), lassen sich im Großen und Ganzen wie normale Kartoffeln zubereiten. Wegen ihrer Süße bieten sich orientalische Gewürze und Zubereitungsmethoden an, oder, wie hier beschrieben, die karamellisierte Form mit Kokosflocken. Süßkartoffeln, die übrigens auch Bataten genannt werden, passen außer zu Lamm auch vorzüglich zu Gerichten mit Wild und Wildgeflügel, aber auch zu Ente, Gans oder Truthahn.

Lammcurry mit Aprikosen und Mandeln

600 g Lammschulter (Bioqualität, wenn möglich)

200 g getrocknete Aprikosen
3 Zwiebeln, geschält, geviertelt
3 Knoblauchzehen, geschält
1 Bio-Orange
1 Bio-Zitrone

4 EL Bio-Currypulver
3 EL natives Olivenöl
250 g Pizzatomaten (Dose)
2 Lorbeerblätter
Himalayasalz
Pfeffermischung aus der Mühle

3 EL abgezogene Mandelkerne
400 g Bio-Naturjoghurt

1 Das Fleisch waschen, trockentupfen und in gulaschgroße Würfel schneiden.

2 Aprikosen in einer Schüssel mit kochendem Wasser übergießen und eine halbe Stunde einweichen. Danach die Hälfte der Aprikosen herausnehmen und abtropfen lassen, für das Curry beiseite stellen. Von dem Einweichwasser 350 ml abmessen und im Mixer zusammen mit den restlichen Aprikosen sowie den Zwiebelvierteln und dem Knoblauch pürieren. Orange und Zitrone in Scheiben schneiden.

3 Lammfleischwürfel mit etwas Currypulver gut vermischen. In einem schweren Topf das Öl erhitzen, das Fleisch rundum anbraten. Das restliche Currypulver, Aprikosenpüree, ganze Aprikosen, Tomaten, Lorbeerblätter, Orangen- und Zitronenscheiben unterrühren, das Curry zugedeckt 40–45 Minuten bei geringer Hitze schmoren, dabei gelegentlich umrühren. Wenn das Fleisch gar ist, mit Salz und Pfeffer abschmecken.

4 Mandelkerne in einer Pfanne ohne Fett goldbraun rösten, den Joghurt glatt rühren und in eine kleine Servierschüssel füllen.

5 Zum Servieren das Lammcurry auf Teller anrichten und mit den gerösteten Mandelkernen bestreuen, den Joghurt getrennt dazu reichen. Als Beilage zu diesem hocharomatischen Curry passt am besten ein neutraler Basmatireis.

Lammragout mit Quitten und Zimt

**600 g Lammfleisch
aus der Keule**
1 Zitrone, unbehandelt

3 EL Olivenöl
10 g frischer Ingwer, fein gehackt
2 Knoblauchzehen, fein geschnitten
250 ml Weißwein (Muskateller)
1 EL Senfkörner, gemahlen
2 TL Zimt, gemahlen

300 g Quitten, geschält,
das Kernhaus entfernt

2 Blatt Römischer Salbei
(Muskatellerkraut), gehackt
200 ml Sahne
Salz, Pfeffer aus der Mühle

1 Das Lammfleisch in Würfel schneiden. Die dünn abgezogene Schale einer unbehandelten halben Zitrone in feine Streifen schneiden, die Zitrone auspressen.

2 Die Lammfleischwürfel in einer Kasserolle im Öl rundum anbraten. Zitronenschale, gehackten Ingwer und fein geschnittenen Knoblauch zugeben, kurz mitbraten, dann mit Wein und Zitronensaft ablöschen. Die gemahlenen Senfkörner sowie den gemahlenen Zimt unterrühren und das Fleisch zugedeckt ca. 1 Stunde bei kleiner Hitze köcheln. Bei Bedarf noch etwas Wein nachgießen.

3 Die Quitten in Spalten schneiden, unter das Ragout mischen und weitere 30 Minuten mitköcheln.

4 Nun den gehackten Salbei und die Sahne einrühren, das Fleisch mit Salz und Pfeffer aus der Mühle abschmecken.

5 Zu diesem raffiniert würzigen Lammragout passt als Beilage Basmatireis.

PROFITIPP Das hocharomatische Lammfleisch verträgt auch starke Gewürze und gewinnt in der Kombination mit einer süßen Komponente, wie in diesem Rezept mit Quitten.

Lammragout in Schokolade mit Chili

800 g ausgelöster Lamm-
rücken, pariert
Saft von 2 Zitronen, 4 EL Rapsöl
½ TL Paprikapulver
½ TL Schwarzkümmel
2 Chilischoten, in Ringe geschnitten

6 Knoblauchzehen
1 Zwiebel, 3 EL Rapsöl
3 EL Mandelsplitter
2 mittelgroße, enthäutete, entkernte
und gehackte Tomaten

150 ml trockener Rotwein
20 g Zartbitter-Schokolade, gerieben
Salz

4 Blätter Frühlingsrollenteig
80 g Ziegenfrischkäse
1 Eigelb, Rapsöl zum Frittieren

Für die Garnitur:
1 EL Zartbitter-Schokolade, gerieben
oder in Späne gehobelt
1 Chilischote, in Ringe geschnitten

1 Den Lammrücken in mundgerechte Stücke schneiden und in einer Schüssel mit Zitronensaft und Öl übergießen. Paprikapulver, Schwarzkümmel und Chiliringe zugeben, alles gut vermischen und über Nacht marinieren.

2 Knoblauch und Zwiebel schälen und grob hacken. Das marinierte Fleisch aus der Marinade nehmen und etwas abtropfen lassen. Eine Pfanne mit dem Rapsöl erhitzen, die Lammrückenwürfel einlegen, von allen Seiten scharf anbraten. Knoblauch, Zwiebel und die Mandelsplitter zugeben und mitrösten. Dann die Tomaten zugeben, mit Rotwein ablöschen, ca. 15 Minuten bei leichter Hitze köcheln lassen. Zum Schluss die Schokolade in der Sauce schmelzen lassen, mit Salz abschmecken.

3 Die Frühlingsrollen-Teigblätter flach ausbreiten und mit je 20 g Ziegenkäse belegen. Die Ecken mit Eigelb bepinseln, wie ein Säckchen nach oben ziehen, mit einem Zahnstocher feststecken. Im Rapsöl goldgelb ausbacken, abtropfen lassen.

4 Zum Servieren das Lammragout auf vorgewärmte Teller anrichten, obenauf jeweils ein gebackenes Ziegenkäsesäckchen setzen. Mit geriebener Schokolade oder Schokoladenspänen und Chiliringen garnieren.

Kräftig geschmorte Lammhaxe und Safranrisotto

4 kleine Lammhaxen, pariert
Salz, Pfeffer
1 EL Paniermehl, mit 1 EL Mehl
vermischt
1 Karotte, geschält
1 Stange Lauch, geputzt,
nur das Weiße
100 g Sellerie, geschält
Schalotten, geschält

100 ml Olivenöl
2 Knoblauchzehen, zerdrückt
je 3 Zweige Rosmarin, Salbei
und Thymian
3 EL Tomatenmark
500 ml Rotwein
3 l Lammfond
Salz, Pfeffer

Für den Safranrisotto:
2 Schalotten, fein gewürfelt
3 EL Olivenöl
200 g Risottoreis (Rundkornreis)
50 ml trockener Riesling
500 ml Geflügelbrühe
1 Msp. Safranpulver
60 g frisch geriebener Parmesan
Salz, Pfeffer aus der Mühle

1 Die Lammhaxen mit Salz und Pfeffer würzen, danach in dem mit Paniermehl vermischten Mehl wenden. Karotte, Lauch, Sellerie und Schalotten in gleichmäßige kleine Würfel schneiden.

2 In einem genügend großen Schmortopf das Olivenöl erhitzen, die Haxen einlegen und von allen Seiten scharf anbraten. Gemüse- und Schalottenwürfel zugeben und ebenfalls kräftig anbraten. Nun den Knoblauch, die Kräuterzweige und das Tomatenmark untermischen, mit einem guten Schuss Rotwein ablöschen, etwas einkochen, dann das Ablöschen und Einkochen wiederholen, bis der ganze Rotwein aufgebraucht ist. Mit dem Lammfond aufgießen, den Bratsatz lösen und die Haxen zugedeckt solange schmoren, bis das Fleisch gar ist (1½–2 Stunden, das Fleisch soll sich fast von alleine vom Knochen lösen). Die geschmorten Haxen nun vorsichtig aus dem Topf heben und mit Folie bedeckt beiseite legen. Die Sauce mit dem Pürier-stab mixen und ohne Deckel einkochen, bis sie eindickt. Zum Schluss die Sauce durch ein Haarsieb passieren, mit Salz und Pfeffer abschmecken. Vor dem Servieren die Lammhaxen in der Sauce heiß werden lassen.

3 Für den Safranrisotto in einem Topf die Schalotten im Olivenöl anschwitzen. Den Reis zugeben und unter Rühren dünsten, bis er glasig ist. Mit Wein ablöschen, mit der Brühe aufgießen und ca. 15 Minuten köcheln. Während der Reis gart, immer wieder umrühren, wenn nötig, etwas mehr Brühe hinzufügen. Wenn der Reis al dente ist, den Topf vom Herd ziehen, das Safranpulver unterrühren, dann den Risotto mit geriebenem Parmesan vermischen, zum Schluss mit Salz und Pfeffer abschmecken.

4 Zum Servieren die Lammhaxen vorsichtig auf Teller anrichten und mit Sauce überziehen. Den Safranrisotto separat dazu servieren, nach Belieben die Teller mit kleinen Salbeizweigen garnieren.

PROFITIPP Lammhaxen werden sowohl als Vorderhaxen, die von der Schulter abgetrennt werden, wie auch als Hinterhaxen, die von der Keule getrennt werden, im Handel angeboten. Lammhaxen sind vergleichsweise preisgünstig – das am Knochen anhaftende Fleisch ist sehr schmackhaft und aromatisch, braucht jedoch eine längere Garzeit als Schulter oder Keule. Das Braten und Schmoren der Haxen ergibt wegen des hohen Knochenanteils eine gute Sauce, die ca. 300 g wiegenden Stücke reichen normalerweise für je eine Portion.

DEUTSCHLAND

Ristorante »Borgo Antico«
Euro-Toques Sterne-Koch Antonino Russo
Wallgäßchen 4
01097 Dresden
Tel. 0351 2072353
Fax 0351 2072355

Flair Hotel Blauer Engel
Euro-Toques Sterne-Koch Benjamin Unger
Altmarkt 1
08280 Aue/Sachsen
Tel. 03771 5920
Fax 03771 23173
www.flairhotel.com/blauerengel

Rugard Strandhotel
Euro-Toques Sterne-Maître Jörg Reinhardt
Dollaner Str. 31
18609 Binz auf Rügen
Tel. 03839 3560
Fax 03839 356666
www.rugard-strandhotel.de

Hotel Gorch Fock
Euro-Toques Sterne-Maître Frank Inselmann
Strandallee 152
23669 Timmendorfer Strand
Tel. 04503 8990
Fax 04503 899111
www.hotel-gorch-fock.de

Schröders Gourmet, Hotel Aridus
Euro-Toques Sterne-Maître Ralf Schröder
Rüggower Weg 17
23970 Wismar-Kritzow
Tel. 03841 2320
Fax 03841 232200
www.hotel-aridus.m-vp.de

Restaurant Mecklenburger Mühle
Euro-Toques Sterne-Maître Ralf Schröder
23972 Dorf Mecklenburg
Tel. 03841 3980
Fax 03841 398198
www.m-vp.de/1173

Euro-Toques Sterne-Maître
Johannes Feinhals
Am Uhrturm 8
30519 Hannover
Tel. 0511 3481750
Mobil 0174 5268198

tegut ... Bankett GmbH
Euro-Toques Sterne-Koch Stefan Walch
Gerloser Weg 70
36039 Fulda
Tel. 0661 2509869
Fax 0661 2509878
www.tegut-bankett.com

Restaurant Haus Stemberg Anno 1864
Euro-Toques Sterne-Koch Walter Stemberg
Euro-Toques Sterne-Koch Sascha Stemberg
Kuhlendahler Str. 295
42553 Velbert-Neviges
Tel. 02053 5649
www.haus-stemberg.de

Restaurant Wipperaue
Euro-Toques Sterne-Koch Benno Sasse
Wipperaue 3
42699 Solingen
Tel. 0212 816248
www.wipperaue.de

TV Küchenkünstler
Euro-Toques Sterne-Maître Andreas Völkel
42897 Remscheid-Lennep
www.andreasvoelkel.tv

Hotel Ascari GmbH
Euro-Toques Sterne-Koch Christophe Meyer
Jakobstraße
50259 Pulheim
Tel. 02238 8040
Fax 02238 804140
www.hotel-ascari.de

Cuisine Concept
Euro-Toques Sterne-Maître Markus Haxter
Duckterather Weg 91
51469 Bergisch Gladbach
Tel. 02202 7311
Fax 02202 709623
www.cuisine-concept.de

Märchenhotel & Restaurant anno 1640
Euro-Toques Sterne-Koch Stefan Krebs
Kallenfelsstr. 25–27
54470 Bernkastel-Kues
Tel. 06531 96550
Fax 06531 1432
www.weinstube.com

Restaurant Waldhaus Ohlenbach
Euro-Toques Sterne-Koch Joachim Lülf
Ohlenbach 10
57392 Schmallenberg-Ohlenbach
Tel. 02975 840
Fax 02975 8448
www.waldhaus-ohlenbach.de

Restaurant Hotel Haus Hochstein
Euro-Toques Sterne-Koch Thomas Hochstein
Südstr. 6
59889 Eslohe/Wenholthausen
Tel. 02973 97110, Fax 02973 971111
www.haus-hochstein.de

Restaurant Walker
Euro-Toques Sterne-Koch Andreas Walker
Rutesheimer Str. 62
71272 Renningen
Tel. 07159 925850, Fax 07159 7455
www.hotel-walker.de

Kochschule esscapade
Euro-Toques Sterne-Maître Gerald Fütterer
Heinrich-Otto-Str. 1
73262 Reichenbach/Fils
Tel. 07153 99003, Fax 07153 990031
www.kochschule-esscapade.de

Restaurant Träuble
Euro-Toques Sterne-Maître
Ernst-Ulrich W. Schassberger
Schmalzgasse 13
73630 Remshalden-Geradstetten
Tel. 07151 79984, Fax 07151 207715
www.schassbergers-traeuble.de

Restaurant Hotel Linde
Euro-Toques Sterne-Koch Marc Frühauf
Lindenplatz 1
77770 Durbach
Tel. 0781 93630, Fax 0781 936339
www.hotel-linde.de

Katholische Akademie der Erzdiözese
Euro-Toques Sterne-Koch René Häfner
Wintererstr.1
79104 Freiburg
Tel. 0761 319180, Fax 0761 31918111
www.katholische-akademie-freiburg.de

Restaurant Residenz Heinz Winkler
Euro-Toques Sterne-Maître Heinz Winkler
Kirchplatz 1
83229 Aschau
Tel. 08052 1799150, Fax 08052 179966
www.residenz-heinz-winkler.de

Restaurant Landgasthof Alte Säge
Euro-Toques Sterne-Koch Manfred Geyer
Römerstraße 2
87487 Wiggensbach/Ermengerst
Tel. 08370 929990, Fax 08370 929966
www.alte-saege.de

Restaurant Hirschtal
Euro-Toques Sterne-Koch Markus Welt
Sperberweg 1
89555 Steinheim am Albuch
Tel. 07329 451, Fax 07329 919615
www.hirschtal.de

GRIECHENLAND

Santa Marina Hotel Chania
Euro-Toques Sterne-Koch Ioannis Kaloutsis
Agia Marina, 73014 Chania
Tel. 0030 28210 36860, Fax 0030 28210 68571
www.santamarina-hotel.gr
Hotel Santa Marina Plaza
Euro-Toques Sterne-Koch Ioannis Kaloutsis
Agia Marina, 73014 Chania
Tel. 0030 28210 36860, Fax 0030 28210 36880
www.santamarina-plaza.gr

ITALIEN

Romantik-Hotel Stafler
Euro-Toques Sterne-Koch Peter Girtler
Mauls/Mules 10
39040 Freienfeld
Campo di Freienfeld/Campo di Trens
Tel. 0039 0472 771136
Fax 0039 0472 771094
www.stafler.com

ÖSTERREICH

foodconcepts
Euro-Toques Sterne-Koch Ingo H.G. Taubert
Herretweg 9/8/10
1110 Wien
Tel. 0043 69910498273
Fax 0043 1485461132

Restaurant Bachler
Euro-Toques Sterne-Koch Gottfried Bachler
Silberegger Straße 1
9330 Althofen
Tel. 0043 4262 3835
Fax 0043 4262 38354
www.bachler.co.at

Kochen wie die Profis – die Reihe für Genießer

Jeder Band bietet auf 95 Seiten ausgesuchte Rezepte der Euro-Toques Sterne-Köche und der Euro-Toques Sterne-Maîtres.

Fische aus Flüssen und Seen
ISBN 978-3-7750-0551-7

Frühlings- und Sommergemüse
ISBN 978-3-7750-0555-5

Herbst- und Wintergemüse
(in Vorbereitung)
ISBN 978-3-7750-553-1

Suppen
ISBN 978-3-7750-0552-4

Wild *(in Vorbereitung)*
ISBN 978-3-7750-0550-0

 Weitere Informationen über Bücher für Genießer erhalten Sie beim
Walter Hädecke Verlag · Postfach 1203 · D-71256 Weil der Stadt
Fax +49(0)7033/1380813 · www.haedecke-verlag.de